AF449564

Azul es azucenas

Azul 44

EDIQUID

AZUL ES AZUCENAS
© Azul 44

Editado por: Corporación Ígneo, S.A.C.
para su sello editorial Ediquid
José Olaya 169, Ofic. 504, Miraflores. Lima, Perú
Primera edición, noviembre, 2024

ISBN: 978-612-5160-64-5
Tiraje: 50 ejemplares

Hecho el Depósito Legal en la Biblioteca Nacional del Perú N° 2024-09043
Se terminó de imprimir en noviembre de 2024 en:
ALEPH IMPRESIONES SRL
Jr. Risso Nro. 580 Lince, Lima

www.grupoigneo.com
Correo electrónico: contacto@grupoigneo.com | Teléfono: +51 955 071 270
Facebook: Grupo Ígneo | X: @editorialigneo | Instagram: @grupoigneo

Ilustraciones: Azul 44

Colección: Nuevas Voces

Contenido

Para mi maestro con amor.

Agradecimientos

Gracias a Dios por el maravilloso regalo de la vida, a mis padres por traerme al mundo y heredarme el amor a la poesía, a mi maestro por el conocimiento, a mi familia y hermanas por el apoyo brindado, a mis amigos que me acompañan y a los que, aun estando en la distancia, me hacen sentir su presencia, a los poetas por la inspiración.

Gracias a todos por el apoyo que me han brindado en este camino nuevo que he emprendido en el cual hoy me desarrollo y que con su motivación logro uno de mis sueños.

Gracias a ti que también, eres poeta y me has servido de ejemplo, motivación e inspiración, ya que cada hecho en tu vida es un hermoso poema que se escribe día a día. Solo gracias por ser y estar.

Aquí y ahora.

Azul 44.

Primera parte
«Mi nombre es Azul»

Dame tu tiempo y te daré una oda completa, dame tu
Amor y seré poesía, poesía soy.

Azul 44

I. Encuentro

Y mis lágrimas
como perlas en el mar...
escondidas.

Soy mujer oculta a tu mirada,
abre los ojos y ¡mírame!

Estoy aquí,
donde empieza la poesía,
en tus sueños,
en el corazón de tu pueblo,
en la brisa del viento.

Escucha al fin la voz,
no habrá más lamento,
se correrá el velo
en eterno e inmortal encuentro.

II. Canta

1 de julio de 2021

¡Canta amor para mí! ¡Canta amor para ti!
El sonido de tu voz me hace feliz.
Y aunque tu lenguaje no conozca
hermosas palabras viven en ti.

¡Canta, canta, canta!
Mi corazón baila al escucharte y saberte feliz.
Soy la canción que el viento lleva
y en cada ensueño se presenta ante ti.

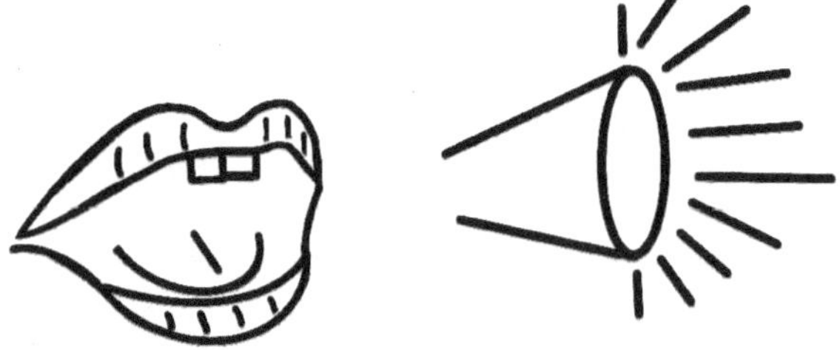

III. Mi corazón se marchita

8 de julio de 2021

Mi corazón se marchita
al no encontrar tu mirada.
Oscuras noches no te traen a mi encuentro.
¡Vivo desolada!
¿De qué me sirven una y mil vidas
si no las vivo junto a ti?

IV. Mi alma crece

12 de julio de 2021

Del desierto surge una ilusión.
¡Oh, Hamdan, tú eres la canción!
Aquí, en el jardín que el hombre olvidó,
la amada en ti crece como una flor.

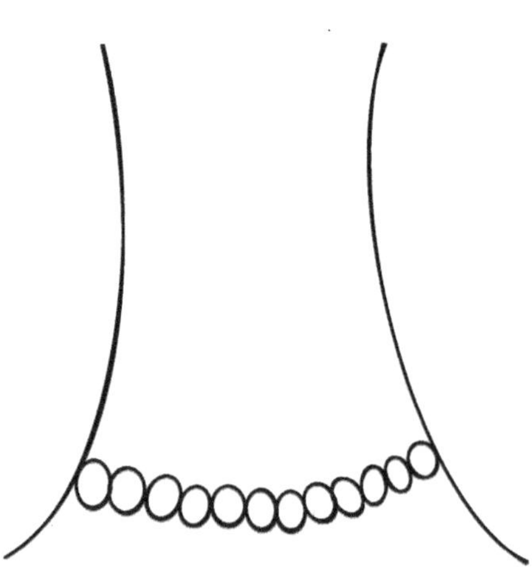

V. Estaba muerto y fui encontrado

Estaba muerto y fui encontrado.
El hado me visitó en sueños,
mostró el camino hacia el amado.
Finalmente apareciste ante mí.

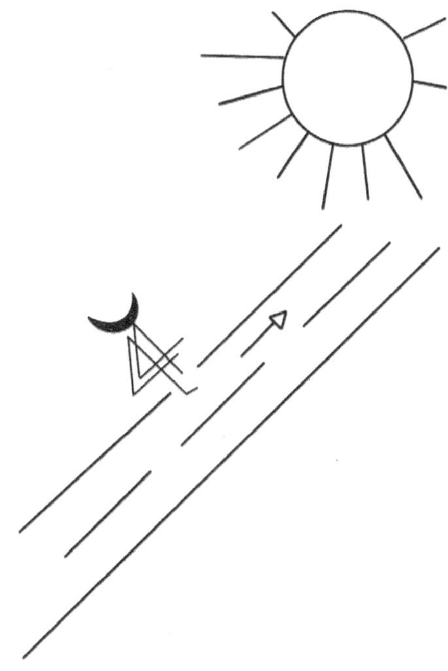

VI. Hacia el amado

22 de julio de 2021

Hice mías todas las letras,
las canciones de todos los poetas.
Hice míos, por error, los ríos de la razón
y aún no consigo llegar a la meta.

Sigo a la orilla de un río,
vagando hacia el amado.
Un suspiro me guía,
tal vez algún día llegue a su lado.

Trabajo más trabajo, esfuerzo más esfuerzo.
He perdido la ilusión,
más aún no consigo
perder la razón.

Desgarrar mis vestiduras quisiera,
perder el orgullo
y el ego se fuera,
para ir a Él, al amado.

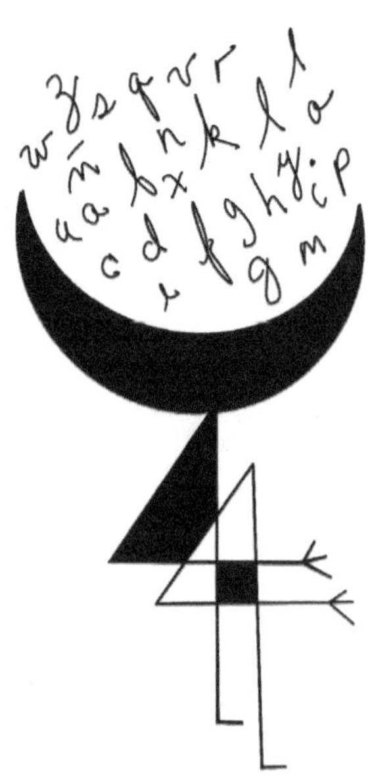

VII. Me despojo

24 de julio de 2021

Me despojo del polvo de mis uñas.
Me despojo de las vestiduras
y del humo que hay en mi cabeza.

Me despojo también de la pereza.
Me despojo de la falsa inteligencia.
Me despojo de la ilusión que al hombre apresa.

Me libro, me libero a mí mismo de la esclavitud.
¡Me despojo! ¡Me libero!
Y me lanzo a vivir
con el alma y el cuerpo por entero.

VIII. Tú

Has abandonado el sufrimiento,
el ego, la arrogancia y la ira
también partieron.

En la oscuridad de la noche
desnudo tu cuerpo yace,
mas yo, desde el otro lado encuentro tu brillo.
¡Verte me complace!

Mientras los pájaros cantan en mi ventana,
pienso en la alegría de un nuevo día.
¿Qué, qué quiero de ti?
¿Acaso algo tú puedes darme?

Quiero amor, compañía.
¿Quién soy yo cuando acaba el día?
¿Quién eres tú cuando no hay agonía?

Quiero como una rosa
a lado de su espina encontrarme.
Sin embargo, hoy te digo:
¡soy yo el abrigo, soy yo la amante!

Y en todos los mundos o en todos los tiempos,
no importa la forma o el cuerpo que tomases,
yo sabría que eres tú.

IX. ¿Quién soy yo?, ¿quién eres tú?

2 de agosto de 2021

Me han preguntado: —¿Quién eres?
Es una difícil cuestión,
ojalá lo supiese,
ojalá llegue la respuesta.

Una alma vieja tengo.
Nací, no antes, no después,
sino en el justo momento.
¡Ahora, en febril estado me encuentro!

No antes, no después,
¡Qué eficaz es el viento!
Llegadas, partidas, golpes,
lloros, gozos y lamentos.

Carbones a diamantes,
ostras a divinas perlas.
Al corazón de un amante,
¿qué alquimia lo modela?

¿Es acaso el sufrimiento?

¡En febril estado me encuentro!
Mi corazón en llamas,
al espíritu me entrego.
Una respuesta traerá calma.

¿Qué quién soy?

Soy la brisa que acaricia tu mejilla,
la luz que se cuela por tu ventana,
el labio húmedo, el brillo de tus pupilas,
el canto del corazón y del alma.

X. Mi súplica

3 de agosto de 2021

¡Hey, copero! ¡Quiero beber de tu copa!
Ahora que he sido encontrado
y he logrado llegar a la taberna,
embriágame del vino nuevo,
de las palabras de tu boca.

¡Quiero ser luz, ser vida!
Antes deambulaba perdida,
hoy estoy atenta a tu copa.
¡Copero!, embriagarme quiero,
con el conocimiento nuevo,
con el sabor de tu boca.
Déjame arrojar el miedo al abismo,
si me perdonan o juzgan qué importa.

A veces pienso, pienso y pienso,
que se me va la vida,
que estoy perdiendo el alma,
por buscar tu boca.

XI. De la rima al verbo

5 de agosto de 2021

Si es verdad que tus ojos miran mi cuerpo
y mis palabras en tu mente están,
me estremecí al saberlo
y actué sin pensar.

Porque pasar de la rima al verbo,
del amor al amar,
es para él ilusión, fantasía,
pero no es no saber amar.

XII. Estar despierto

8 de agosto de 2021

Estar despierto
es un linaje de sangre.
Mantener el mensaje
no es obligación, sino arte.

Somos hijos, herederos.
El orgullo lo consume el fuego.
Amor eres cuando velas,
cuando escuchas el mensaje al mensajero.

Al inicio no hay gozo,
solo llantos, caminos tortuosos.
El dolor enciende el pabilo de la vela del alma.

¡Oh, Hamdan! Mantén la calma,
eres la cera que alimenta el alma.
Abre el ojo y el oído,
ahora el gozo está en tu nido.

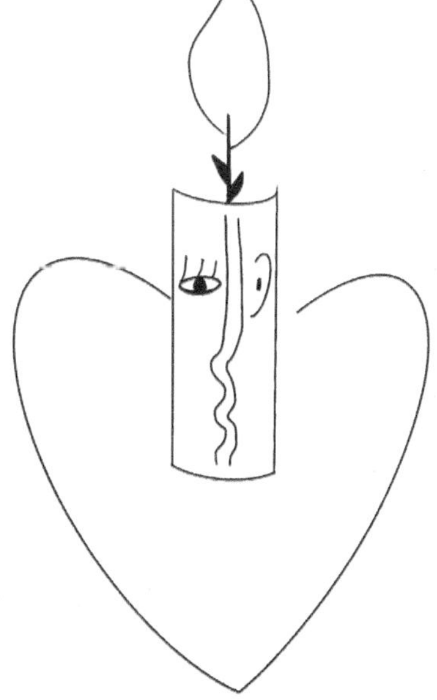

XIII. Vivo estoy

9 de agosto de 2021

Un día, equivocado,
le dije al hado,
llévame contigo,
estoy desolado.

Le pedí un gesto al espíritu,
es algo que no hago.
Aparecieron los poemas,
las palabras armoniosas de tu boca.

Si un día logro la transmutación,
producto segura estoy,
que tu aroma de guerrero,
que tu intento inflexible,
que tu voz melodiosa,
fue responsable y apoyo de que vivo,
con el alma en la piel,
con la alegría estampada,
como la suave miel que endulza a los amantes,
a la amada y fiel esposa.

¡Te amo!

¡Qué importantes las palabras del poeta!
En boda alquímica soy amante y esposa,
desde que escuche tu rima,
desde que escuche tu prosa.

Este amor no es de este mundo ni del otro.
¡Guarde estas palabras en su corazón,
que son la primera vez que salen de mi boca!
Mi nombre es Azul.
Mi nombre es Azul.
Mi nombre es Azul.

¡Vivo estoy!

XIV. Perla de Dubái (canción)

11 de agosto de 2021

Soy rosa atrevida,
¿por qué guardar el secreto?
Antes andaba dormida,
hoy soy piedra preciosa.

Perdone mi atrevimiento,
príncipe heredero al trono,
ayer estaba muerto;
hoy estoy vivo, despierto.

Perdone mi atrevimiento,
príncipe heredero al trono,
ayer no sabía nada.
¡Hoy lo sé todo!

Perdone mi atrevimiento,
príncipe heredero al trono,
soy una rosa atrevida
de mi amor ya sabe el tono.

Amapolas bonitas,
lindas pencas de maguey,
hay que vida tan bonita,
el amor ya es mi ley.

Arrójeme una perla,
una perla de Dubái,
quiero saber cada día,
cada día saber más.

XV. Una moneda al aire

13 de agosto de 2021

Sé gentil con mi corazón,
que, si hacemos una metáfora,
soy luna y tu sol.

Llevar el ritmo que tú tiene
no es una fácil cuestión,
escribo esperando que tú,
un hombre real seas
y no un producto de mi imaginación.

Escribirte es tirar al aire una moneda,
sin tener expectación.

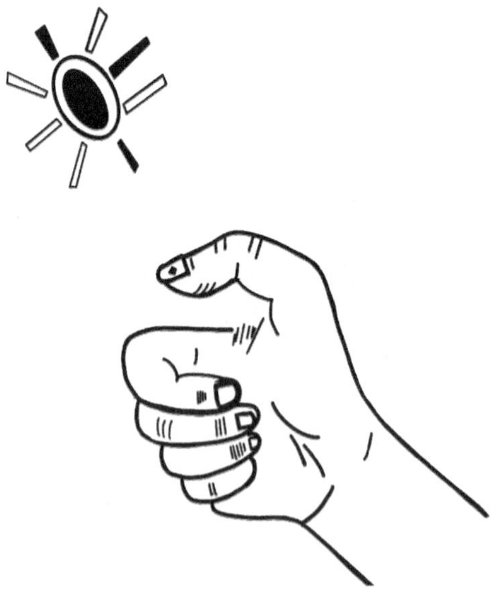

XVI. Las impresiones

14 de agosto de 2021

Es a través de los sentidos
que me llegó tu luz.
Te vi en el ensueño,
a mí no sé tú.

Pero, ¿qué órganos de los sentidos tiene el hombre?
¿Existen otros órganos de percepción?
¿Y qué órganos son de digestión?
¿Es el fuego el que logra la trasmutación?

Es como la parábola de los talentos,
de qué sirve el regalo de Dios,
si en su andar rutinario,
el humano distraído nunca los utilizó.

Imprimí sus palabras en mi corazón
y una vez impresas,
el sello de su amor
me dio respuesta.

XVII. El día que te encontré en mi sueño

15 de agosto de 2021

Cuando voy del otro lado,
cuando se abre la puerta,
más allá de los pecados,
más allá de las siluetas.

Al final de mi noche
para ti tarde dorada.

Nunca cuando ensueño
algún muerto me ha mirado,
mas tú de alguna forma estando de pie y espaldas,
giraste tu cabeza.

Vi apenas tu rostro, tu silueta,
el bigote y la barba que enmarca tu cara;
es una fracción de un segundo,
cuando las miradas se encuentran.

Me percibiste, no sé si tienes recuerdo.

Nunca cuando ensueño
algún muerto me ha mirado,
supe entonces que tú
no estabas muerto.

Tuve entonces mucho miedo,
porque aún del otro lado
existen muchos misterios;
volando y espantada
caí de nuevo en mi cama.

¿Quién soy yo? Siempre fue la pregunta.
Ahora, ¿quién eres tú? Es el misterio.

XVIII. Historias personales

En lo que a mí respecta,
las historias personales
son para compartirlas rodeando la mesa,
tomando café, mirándonos a los ojos, escuchándonos,
leyendo tus letras y las de muchos otros poetas.

En lo que a mí respecta,
aunque lejos estés, hoy haré una excepción,
te contaré lo que sucedió,
reiremos un poco,
masajearé tus pies y
más tarde iremos a la habitación.

En lo que a mí respecta,
eres el dueño de mis pensamientos,
eres el dueño de mi corazón.

XIX. Anoche

17 de agosto de 2021

Anoche algo hiciste que me relajó,
anoche hice introspección
y de andar girando y volando sin ton ni son,
llegué a un oasis de amor.

Porque la exaltación del rasgo
es igual de pecado que la inacción.

Ayer, con gesto sutil sugeriste
que es verdad que existe Dios.
Sin embargo,
mi cuerpo tiembla.

XX. Mi Margarita

17 de agosto de 2021

Mi luchadora incansable.
Estoy atenta a cada paso que das,
corro de la sala a la habitación,
en guardia de tu coordinación,
con mi cuaderno en mano,
tarareando una canción.

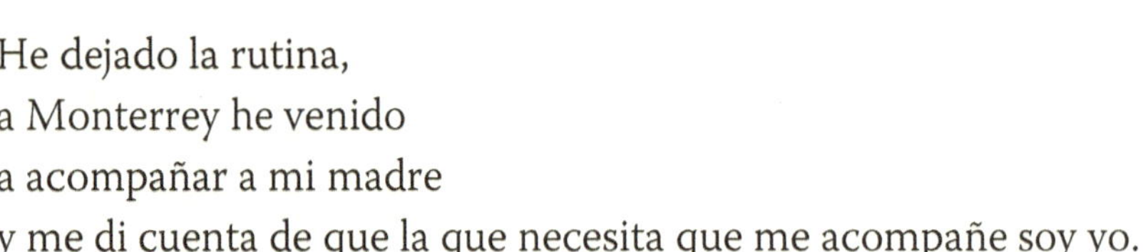

Tú ríes a diario y me comentaste
es bueno tener una ilusión.
Hoy vimos películas,
películas de terror;
tomaste las medicinas que te dio el doctor.
Mientras me maquillo,
tú te preparas y perfumas tu cuerpo,
ansiosas esperamos viendo el reloj,
pues hoy toca ir a cenar carne al asador.

He dejado la rutina,
a Monterrey he venido
a acompañar a mi madre
y me di cuenta de que la que necesita que me acompañe soy yo.

Mi adorada mamá.
Mi Margarita.

XXI. Introspección

Con toda la inocencia,
con toda la ingenuidad,
cavernícola de Instagram y para muchas cosas más.
¡Dios, cuánta paciencia tuviste!
¡Solo tenía que ver un tutorial!
Por allí vi un: «¿Qué quieres de mí?»
Te quiero a ti.
¡Claro que me gustan los *likes!*
Saber que alguien me escucha y o lee,
es solo que en estos momentos me dieron ganas de llorar…

Me estoy poniendo gris.

XXII. Mi rasgo, mi obstinación, mi terquedad

19 de agosto de 2021

Dios es grande,
me hizo enamorarme de un poeta,
para que me estudie a mí misma.

«Mi rasgo, mi terquedad, mi obstinación».

XXIII. Un do muy alto (pensamientos de Azul)

19 de agosto de 2021

Pienso que nunca he tenido un do más alto.
Me refiero a do en la escala musical,
como un do sostenido;
solo me pasa eso cuando escribo,
tal vez sí logro que se vea eso en mis poemas.

Cuando mi sueño lo hice poema y lo titulé:
El día que te encontré en mi sueño,
mi felicidad fue mayor, no pude dormir.

Pero mis emociones me juegan una trampa,
paso de un estado de gozo a uno, tal vez de tristeza
porque comunicarme siempre me ha sido difícil.

Mi concepto de amor tal vez sea diferente,
pero como siempre atrevidamente afirmo que te amo
y ahora todo mi mundo es mágico.

Te amo bebé.

XXIV. En tus manos

20 de agosto de 2021

En tus manos está hoy mi destino,
sin rumbo fijo fue mi existencia,
de tu ciencia empapas mi ser.

El fuego de tu amor me abrasa,
estoy en llamas.
Ese es mi desatino.

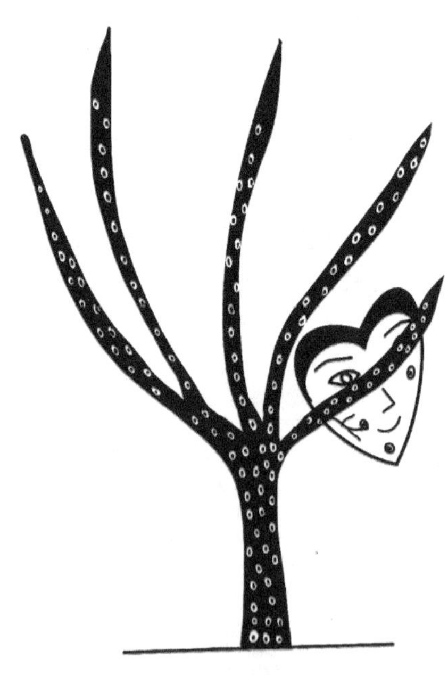

XXV. No me dejes en el olvido

20 de agosto de 2021

He declarado mi amor por ti
con inocencia e ingenuidad,
has dicho que hay un camino,
pero, ¿tu camino es conmigo?

En mi corazón no hay miedo a amarte,
pero sí a un rechazo,
por favor no me dejes en el olvido.

XXVI. El silencio quema

20 de agosto de 2021

Me aventuré ingenua en lucha sin tregua,
te leí mis letras y mis poemas.
Tú tal vez valoras mi valentía,
pero, ¿eso qué significa?
¿Qué hay un lugar para mí en tu vida?
Ojalá así fuera.
¡El silencio quema!
¿Qué es este juego?

XXVII. La inocencia y la nostalgia

21 de agosto de 2021

La inocencia y la nostalgia han partido.
Mis amigos, los artistas, y yo
tuvimos una bella reunión;
tú en mis pensamientos.
Estoy enamorada de ti y de mí misma.

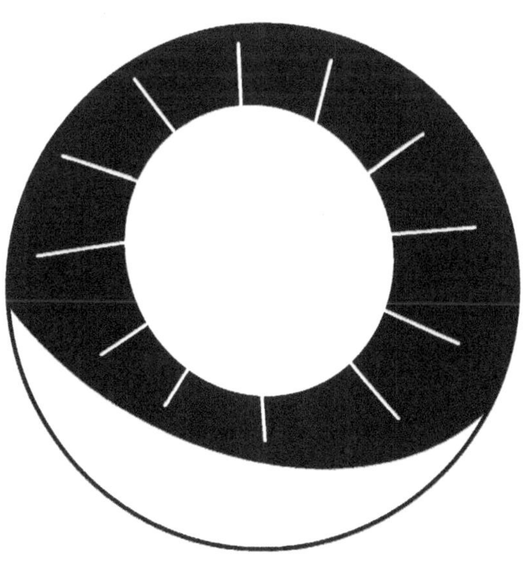

XXVIII. El convivio

22 de agosto de 2021

Entre amigas me encuentro hoy,
entre artistas y artesanos.
Ellas son como una brisa,
apenas sí percibes sus movimientos.

Como huracán he llegado,
con el cuerpo y la mente desequilibrados;
ellas solo me miran y sonríen,
de mi amor a «tú» les he hablado,
muchas sonrisas les he causado.
Una me ayudó a coser mi vestido
y a reparar mis zapatos J. Simpson,
que en un momento de locura me he comprado.
Con el vestido bien arreglado
al convivio he asistido;
como siempre, tú en mis pensamientos has estado.
Me explicaron el color, me dieron la definición
del triángulo de Rembrandt,
unas poses para fotos,
de mi *iPhone* a usar las herramientas.

Toma tutoriales, cambiar la postura en las fotos, etc.
Sabes… no les he dicho todo de ti,
solo dije me enamoré de un poeta.
—¡Ten cuidado! —me han dicho.
¿Es en realidad un poeta?
No he dicho tu nombre,
siempre será mi reserva,
pues de qué serviría decirlo,
si apenas de ti sé,
que tú sabes que quiero ser poeta.

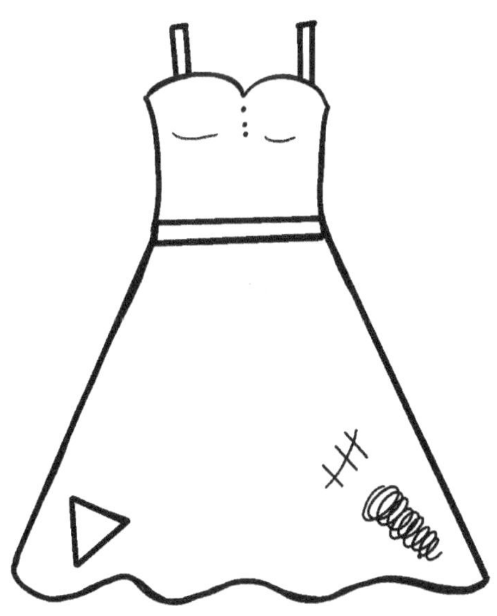

XXIX. Capullo

De metamorfosis no tengo un buen concepto.
De transmutación imaginación seguro tengo.
De algún cambio positivo hablar mucho,
vanidad sería, vanidad como defecto.

Así que me atrevo cual Mercedes Sosa,
a decir que todo cambia,
y en mi cuerpo y en mi mente todo cambia.

Podré explicarlo con palabras,
con metáforas en charlas.
Podré decir que cuando hablas,
un arrullo, una caricia te respalda;
escribe la que árabe no habla (qué tristeza).
En lo que a mí respecta,
tú al capullo
solo haz hecho un rasguño.

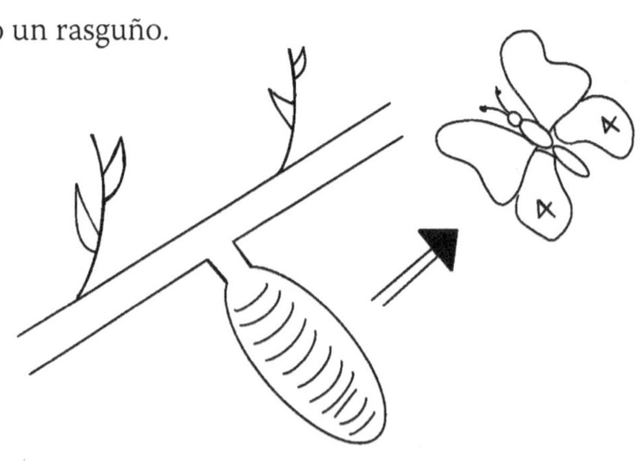

XXX. Las plantas

24 de agosto de 2021

Amo las plantas,
primas del ser humano y seres vivientes
que guardan la riqueza cultural,
alrededor de todo el mundo.

El otro tú.

XXXI. ¡Hey, hola de nuevo!

24 de agosto de 2021

Azul 44.
Como ayer en mi juventud,
encontré a una chica hoy,
a mí misma me recuerda.
Haciéndole poemas.
Haciéndolos al amor.
Porque…

Lilia.
Solo me sabía expresar más que
con versos del corazón.

Azul 44.
Y lo que yo sentía,
solo en la mirada lo reflejaba.

Lilia.
Y ella y yo, así como las flores
reconocimos nuestros cantos,
como polen en la brisa,
que solo el artista sabe
escribir y leer con la mirada.

¿De qué sirve darle una mirada deseosa?
Azul 44.
A alguien que no sabe,
que no sabe de lectura ni letras,
a alguien que no sabe del amor.

Lilia.
Y por ende a alguien que ignora las palabras
reflejadas en mi mirada.

Autoras Azul 44, Lilia.

XXXII. Los seres humanos

24 de agosto de 2021

Todos los seres humanos tenemos una posibilidad de evolución, se requiere mucho trabajo y esfuerzo en el trabajo interior para llegar a la meta,
la evolución es a ser un hombre real, despierto, vivo, salir del sueño.

XXXIII. Otro tú

24 de agosto de 2021

Primero estuve triste,
luego hubo un desierto,
una súplica, un ruego,
luego tú apareciste;
ahora otro tú aparece.
¡Cuánta confusión en mi corazón
y en mi mente existe!

A veces escucho
la voz de un hombre,
que aun sin ir de prisa,
me parece joven y apasionado.

En otras leo a uno tal vez más gentil,
curtido por la vida y la experiencia.
¡Oh!, ¿crees que me has engañado
al no notar la diferencia?

¿Hablas tú?, ¿o estás citando a otro poeta?
Yo como tú sigo riendo,
pues con inocencia
la experiencia sí que es buena.

¡Ambos poetas!
¡Tú y otro tú!

XXXIV. Dulce predicamento

25 de agosto de 2021

Entre tú y el otro tú,
no es que no coma o no duerma,
pero tengo una solución:
amor carnal *malicious*.
Amor espiritual *delicious*,
ahora no estoy sola, ahora somos tres.

XXXV. Escuela de vagabundos

25 de agosto de 2021

Y así trascurre mi vida,
aquí aprende y aprende;
todos llegamos soñando.
Aquí unos pintan, otros escriben,
mientras unos cocinan
hay otros cantando,
otros la madera trabajando,
un dragón con el pirógrafo grabando,
una maestra enseñando.
Aquí una doctora un niño operando,
aquí todos llegamos soñando
y, poco a poco, tal vez un día
de tanto intente e intente
tal vez uno despierte.
¡Aquí todos estamos viviendo
y ya, ya no solo soñando!
Aquí un constructor.
Aquí aprendiendo tecnologías
y a olvidarme del llanto.
¡Aquí como siempre tú, en mi corazón,
en ti siempre pensando!

XXXVI. Tu nombre es Azul

26 de agosto de 2021

A veces pienso y pienso, luego escribo.
En el sufrimiento, en el dolor no compartido.
En los corazones rotos,
en un nido vacío,
en el amor de los amantes,
en un hijo que ha partido,
en los hermanos que se han ido,
en los padres que hacen falta en la familias,
en mí como una hija, como hermana, como amiga;
y hago preguntas al hado,
no siempre me responde.
Un día estando sola y suplicando,
que me llevase a su lado le he pedido.
Aquí estoy, no me he ido.
En sueños apareció su faz, su silueta,
había una gran plaza y lo que parecía una torre,
cuando yo volaba, él percibió mi presencia.
¡Es apenas una fracción de segundo
cuando las miradas se encuentran!
Entonces desesperada le exigí al hado
me dijera:
—¡Dime! ¡Dime! ¿Quién es ese hombre?

¿Cómo voy a encontrarle en el mar de la gente?
Su voz firme y fuerte respondió:
—Te haré el mejor regalo,
que el ser vivo algún día recibió,
te diré tu nombre:

—Tu nombre es Azul.
—Tu nombre es Azul.
—Tu nombre es azul.

Encontrarle tú a *él* corre de tu parte.
Encontrarle tú a *él* es punto y aparte.

XXXVII. Él y yo somos uno mismo

26 de agosto de 2021

Del desierto y el mar,
surgió un camino,
surgió Él.
Él y yo somos uno mismo,
Él esperándote está.

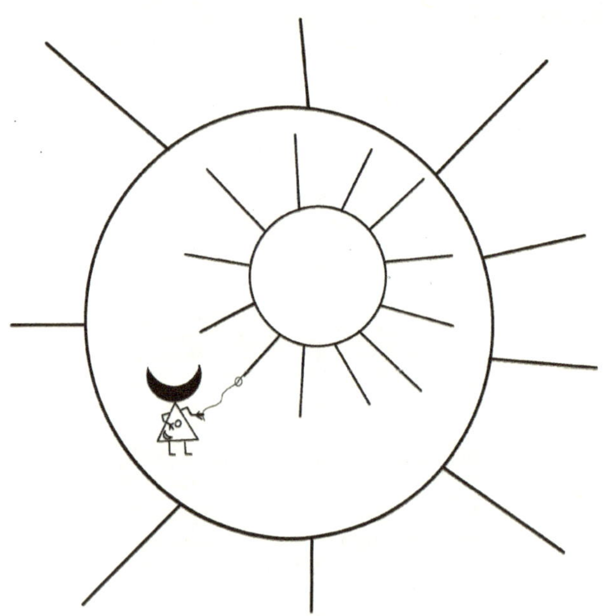

XXXVIII. Antesala

27 de agosto de 2021

Los pájaros están cantando en mi balcón,
de nuevo me han visitado;
he tomado un video
cuando una parvada volaba.

Ando dando vueltas pensando y pensando
qué foto pondré al poema de portada,
y qué música agregar además del audio,
finalmente la he encontrado…

Tanto arte que allí estaba esperando
y yo distraída no había apreciado.
¡Bach! —dije — Bach, Bach.
¿Cuál será la mejor obra de Bach?
En el buscador apareció BWV 244,
¡Esa! ¡Esa es la que estaba esperando!

¡Gracias de nuevo doy!

XXXIX. Mi hermana Yuliet

26 de agosto de 2021

Mi cómplice, mi centro, mi viga,
compañera inseparable,
amiga sin juzgar,
siempre presta a ayudar,
mi hermana querida.
¿A cuántas aventuras te he empujado?
Sin ti ningún logro hubiese alcanzado;
a veces pienso que, por apoyarme tanto,
por mi culpa no te has casado.
Siempre en mis locuras te he arrastrado.
Muchas veces me ves como giro y giro
absorta y desconectada del mundo,
tú nada preguntas, me dejas
que sola explique lo que me abstrae.
Lo que a mí me toma medio día realizar,
tú en media hora resuelves.
Yo siempre presta a la melancolía,
tú siempre jovial y alegre;
mi compañera en la vida,
la que de niña me defendía.
Cuando sabían que eras mi hermana,
ya nadie me molestaba.
Mi amiga, mi hermana Julieta,
mi alegre y coqueta Yuliet.
Simplemente te amo.
¡Gracias por ser y estar!

XL. Huesos rotos

21 de agosto de 2021

Un día me mostraste que hay un camino,
que es verdad que existe Dios;
que con paciencia siempre
existe una solución.
Entonces me he decidido a confesarte
el factor causante de mi tribulación.
Tú me escuchaste y me abrazaste,
entre llantos y sollozos
no sabía cómo explicarte,
porque durante más de un año,
por eso que sucedió,
a veces pienso y pienso,
¡Dios, mejor me hubiera muerto!
¡Hubiese sido mejor!
A veces pienso y pienso,
que al solo contarte y confesarte
tal vez empiece la sanación.
Tal vez la herida cierre
y un día pueda sin miedo
aceptar tu amor.

He estado llorando
cuando voy a mi habitación,
quiero creer que, si hay milagros,
que puedo escuchar tu voz.
Que no estoy sola,
que no habrá violencia,
que solo habrá amor.
Sin embargo, tengo miedo
y de nuevo me aíslo,
vuelvo al cascarón.
Escondo mis emociones
y, como puedo, sobrevivo,
aunque siempre estás
tú en mi corazón.

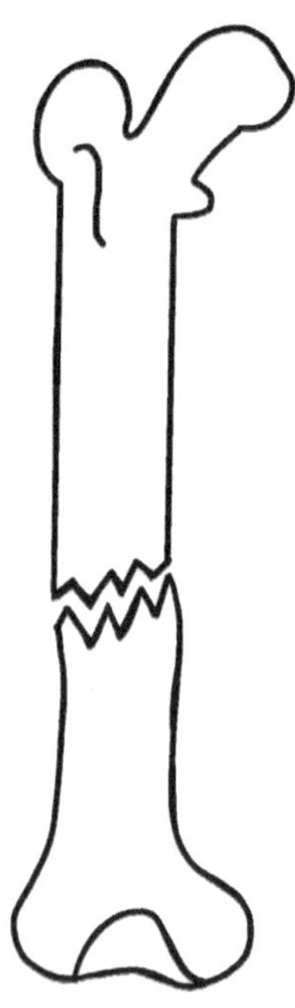

XLI. Soy

28 de agosto de 2021

Me han reprendido por seguirte, por escucharte,
no imagino que harán conmigo,
cuando les diga que he empezado a amarte.

Sé que todos ríen a mis espaldas
y también de frente lo hacen,
mientras a mí me sostienen nubes,
a ti te cubren diamantes.

Si me despojo de mi vestidura
y tú de tus ataduras,
dime poeta,
¿quién detendrá tu pluma?
¿Quién robará mi libreta?
El amor como una bruma
es lo que al mundo perfuma,
el artista de la cocina: gusto y olfato,
el ebanista: buen tacto.

Soy la pluma en tus manos,
las letras armoniosas que caen en la papeleta,
el primer aliento al despertarnos,
la sonrisa de tus labios,
el suave tacto de tus zapatos,
el calor del sol en tu cuerpo,
la gota de sudor que suavemente
se desliza en tu frente.
Soy el azul de las flores,
el canto del cenzontle,
el mejor amigo del hombre,
y quiero ser:
¡el amor de tus amores!

Segunda parte

«Encontré un poeta y me encontré a misma»

Un poema por cada año de mi amor.

I. Podría decirte

26 de agosto de 2021

Podría decirte tantas cosas,
que el teléfono no suena,
que las cortinas han quedado cortas,
que en mi barriga siento mariposas.

Podría decirte que son rojas mis rosas,
que una amiga se ríe,
que otra amiga llora,
que es vanidad la que rige ahora.

Podría decirte que pensándote
estoy en mi coche,
podría decirte tantas cosas,
si tan solo contestaras el teléfono ahora.

Podría decirte
que no me importan los yoes,
podría decirte que solo
me abraces es lo que importa.

Podría decirte tantas cosas,
que, durante mi sueño,
por las noches vuelo
a encontrarme contigo,
que es lo que anhelo,

que acaricio tus mejillas
y tus rizos negros
cuando dormido te encuentro.

Podría decirte que tu piel
y tus dedos traviesos son parte de mí,
de todos los sucesos cuando en mi sueño te veo,
y ese es un poco mi consuelo.
Quisiera mentir y decir
que la emoción se esfuma,
que mi corazón se ha calmado,
mas mi sangre igual se alborota
al saber de ti, ¡mi amado!
¡Que aún respira tu boca!
Quisiera pedirte
que pienses en mí.
¡Solo en mí
y no en otra!

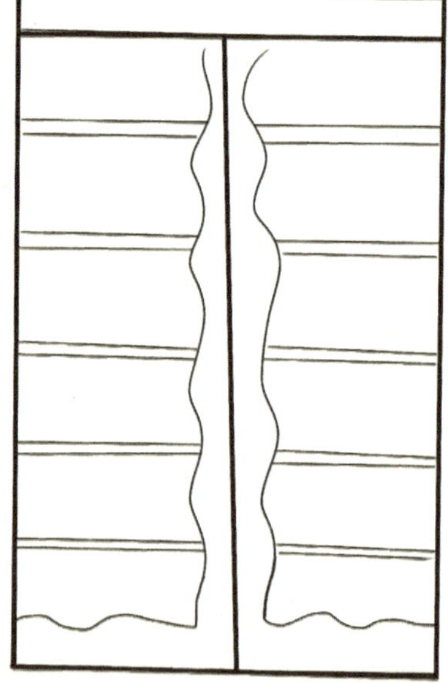

II. Corazón fragmentado

Agosto de 2021

Amor, si no escucho tu voz
mi corazón no late,
ahora entiendo porque
cuando sospechas invaden mi mente
mi corazón se parte.

Escucho tu voz y a los demás.
En mil pedazos está mi mundo raro y aparte.
Pero si lo que escucho uno,
voz con voz a ellos y a nosotros,
estoy completa.
Gracias desde mi mundo raro.

III. Juego de amor (canción)

27 de agosto de 2021

El amor me alimenta, me trasporta,
todo como una canción empieza.

En una trampa estoy envuelta,
mi corazón no puede parar,
mi mente tropieza y comienza
a vislumbrar la realidad.

Un hombre con experiencia,
un juego quiere jugar,
un joven con suficiente fuerza,
no se ha sabido negar.

Con mi inexperiencia,
con cierta ingenuidad,
declarando mis ilusiones,
me han sabido apresar.

Devuélveme mi libertad.
No veo el propósito,
me lo tienes que anunciar.
Este corazón no se quiere marchar.

Es que este amor me alimenta,
es que tu amor me apresa
y no me quiere soltar.

Es que tu amor qué sorpresa,
es un juego, no es realidad.

Como una canción empieza,
mi corazón no puede parar,
aunque mi mente comienza
a ver la realidad.

Quiero me devuelvan,
me devuelvan mi libertad.
Pues este camino
no sé a dónde me puede llevar.

Entre acertijos camino escondo,
corro, vuelo, río y lloro,
paso de un estado a otro.
Mejor es ser solo un loco.

Mi meta es amor alcanzar,
nunca busque reflectores.
Por el mundo he de vagar,
tendré que actuar.
¡Ahora seremos actores!

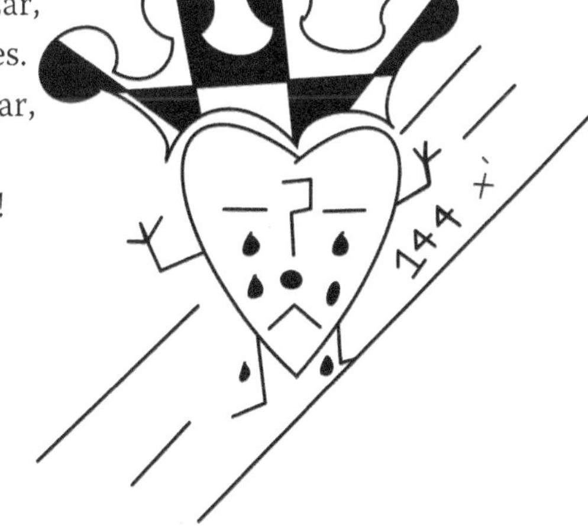

IV. El replicante

28 de agosto de 2021

Aquel que replica las palabras del amado y de la amante
en un parloteo incesante y sin sentido,
no sabe lo que hace, nunca ha comprendido
ni comprenderá el amor que nos ha unido.

Mi corazón ingenuo y palpitante
presa de un terror ha sido,
sentí un gélido dolor punzante
al pensar alguien se atrevió a mancillarle.

Pues en absorto éxtasis,
en actitud de rezo,
solo miraba a mi amado,
lucí mi mejor vestido.

La cera mejor para ti he reservado,
mi alma en vela siempre te esperaba,
no sabía de los peligros y tinieblas
que en este camino aguardaban.

¡Oh! ¡Por favor te lo suplico!
¡Dime que nadie el sello del amor ha roto!
Pues el hado impondrá un castigo
y no sé si será piadoso.

V. Desenfreno

29 de agosto de 2021

Azul:
él decapitó mi imaginación.
Tú mi ego.
En un sin sentido me encuentro atrapada,
o tal vez liberado al fin mi corazón.

Había una excusa para no llamarme,
era mi imaginación.
Ahora tras el teléfono inventarse
señales de humo no hago yo.

Para llamarte, ¿de cuántos pecados tendré que liberarme?
Imaginación, orgullo, vanidad, ego.
¿Qué sé?, de nuevo espero motivarme,
escribirte un verso ya que verte no logro,
ni ensueños puedo encontrarte;
aunque…, tal vez miento,
pues entre dormida y despierta
he visto de mi cuaderno las hojas colarse,
y después de unas risas de alguien escaparse,
hundidas las hojas en el mar ahogarse.

Tenía vida mi cuaderno,
tenía el corazón de mi sueño;
mas copia fiel de él tengo
en mi alma, grabados llevo.

De nuevo señor, ¡oh, de nuevo me duermo!
Con ilusión esperando encontrarte.
Con otro motivo a darle, a traerle a mi mundo,
donde ahora vivo y quiero amarte.

¡Eres un hombre! ¡Eres un príncipe!
Nunca pusilánime, tu voluntad riges.
Y, aunque no quiera enterarme,
no es a mí a quién atención quieres brindarle.

A mi desenfreno e identificación
fecha de caducidad tendré que darle.

Amor no encontrado.
¿Cómo pudo haberse refrigerado?
¿De qué lecho ajeno no obtenido,
dime de dónde te han arrojado?
Él dijo:
—Tendré que decir que eres tú
la que en sueños he visto llorando.
Tendré que decir que en tu cama,
muchas lágrimas has derramado.

Pensé que eran por otro,
de otro ser encerrado
en un búnker o una prisión
donde lo describes capturado.

Azul:
de nuevo tiendo a imaginar,
a pensarte atrapado en tu propia prisión,
de la que, por un momento,
tal vez hayas escapado.

Te deseo libertad, dulzura, paz, bondad;
éxito en el mejor camino,
renacer, que camines conmigo,
¡Dejemos de ser sombras que siempre fuimos!

VI. Prisión

Agosto de 2021

¿Cuándo vendrá el sol a mi cielo azul?
¿Cuándo saldremos amor de este baúl?
¿Cuándo la caverna estará en el olvido
y juntos viviremos en el mismo nido?

Mi brújula, mi maestro, mi guía,
extraviada siempre había ido.
Amor, ir al lugar prometido,
es lo que busco contigo.

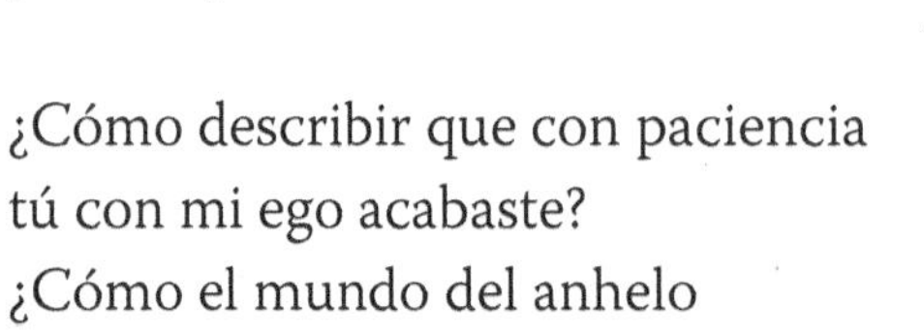

A veces pienso en los muertos,
luego en el deseo de
en libertad encontrarme
para así poder realmente amarte.

¿Cómo describir que con paciencia
tú con mi ego acabaste?
¿Cómo el mundo del anhelo
al hacernos uno hubo de terminarse?

Cómo el encontrarme
fue el inicio de la ruptura de las cadenas,
de ese vicio de al sufrimiento arrojarme, y ahora solo al amor
que encontré entre arenas.

VII. Propósito desconocido

Agosto de 2021

Tu amor me afecta,
estoy siempre corriendo,
no veo el propósito,
no veo la meta.

Solo atosigas mi alma inquieta,
ingenua y sin tregua marchó a Dubái
persiguiendo una ilusión, una meta,
que espero pronto descifrar.

Pues el sentido de la vida
no es perseguir a un hombre.
El sentido de la vida es
ir hacia la meta.

VIII. Tiempo gastado

3 de septiembre de 2021

¡Oh, señor! ¿En qué trampa he caído?
Mis pies descalzos, mis piernas desnudas,
mi barriga inquieta, el corazón maltrecho,
el intelecto en itinerante cuchicheo.

Mi ojos solo te miran
tirano de los ojos almendrados.
¿Es un ser verdadero?
¿Quién es el cerebro?

En el remolino de la vida
estoy girando y girando.

—¿No te das cuenta, Azul?
¿Tu tiempo probablemente estás tirando?
¿Por qué por un muerto
siempre andas preguntando?
O tal vez sea cierto…
Que, a tú, a él que estás amando,
vivo está y no es un muerto,
en este mundo penando.

IX. Las diferencias

29 de agosto de 2021

Ahora lo sabes...

Se empeña en mostrar
diamantes, rubíes y perlas...

Citando al amor.

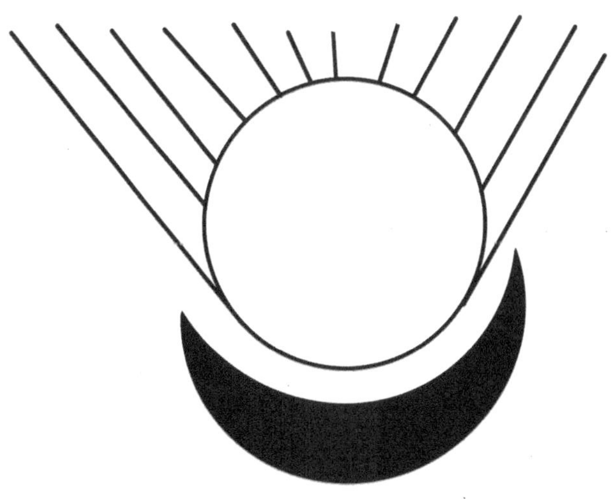

X. ¡Hey tú, una vez más, hola!

3 de septiembre de 2021

El tiempo, la distancia, el lenguaje,
las edades y también las habilidades,
siempre hacen que desfasados estemos;
pero eso no hace que no te amé.

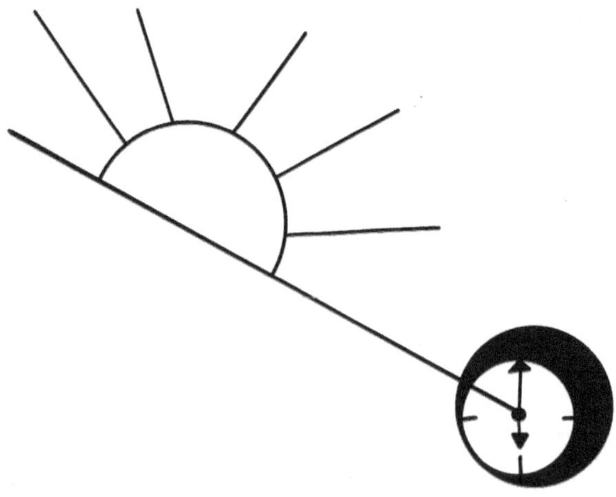

XI. Dubái llama

A veces pienso en ti y en mí,
en mí como Dorita en el camino amarillo,
en ti, mi dulce espantapájaros.
En el constructor de sueños.
Y me pregunto: ¿quién es el cerebro?
Pienso en mi alma árabe que no cabe en mi pecho,
en la sangre que corre por mis venas
y que grita y pide regresar a su pueblo.

En el desierto que siempre me llama,
en esa voz que me reclama,
y me pregunto a mí misma: ¿si un día lo logro,
de qué color será mi alma?

XII. Revelación

3 de septiembre de 2021

Si el poema es la flor
y mi amor es la canción.
Príncipe, jardinero y poeta
cuida de mi aroma,
no quiero envidiosos nos miren
y con su mirada el amor mancille;
pues esas miradas frías
no conocen nuestro lenguaje,
no conocen de nuestro viaje,
de lo que con esfuerzo los guerreros construimos,
de la búsqueda, del puente,
de la escalera a nuestro destino.

Y así te pido poeta,
tú camines conmigo,
pues hasta ahora,
un barco a la deriva he sido.

XIII. La tentación

¡Oh, malvado!
¡Cuánto me has tentado!
Perlas y diamantes
has ofertado.

Otro súbdito tuyo seré.
¡Es verdad, me he enamorado!
Pobre pájaro atrapado,
en la luz de tus ojos.

La puerta está abierta,
me has capturado.

¿Qué quieres de mí?

XIV. Sello roto

6 de septiembre de 2021

Cuando siento que no puedo más,
cuando me cuesta hasta respirar,
tú te vas.
Cuando algo se ha roto en mí,
y por más esfuerzos que hago,
no me puedo unir.

Mi historia personal te he narrado,
y tú, ¿qué has hecho?
Te burlas de mí.

¡Lo sabía, todo es habladuría!

Si abro mi corazón,
para unos será tontería,
para otros gozo y o alegría.

Pues un poeta atento está
acechando el amor
y no mi vulnerabilidad.

XV. Un sueño de aprendiz

6 de septiembre de 2021

Quiero narrarte
lo que aquí acontece,
cuando logro un poco dormir,
tú de nuevo apareces.

Esta vez había una mujer y un hombre,
la mujer era yo, el hombre un ser malvado
que con sus mentiras me ha arrastrado,
seduciéndome y esclavizándome.

¡Dije: no puedo más!
Entonces vi como salía
de mi cuerpo, me desprendía.
¿Qué harás de mí?

¿Quién me susurra al oído?
¿Quién me empuja a escribir poesía?
En ese momento volví,
estaba en mi cama pensando en ti.

Pero, ¿eres tú ese que me seducía?

Mi espíritu está hecho girones,
apenas me sostengo.
Quiero tener suficientes pantalones
para enfrentarte.

¿Qué quieres de mí?

Y de un mar de confusiones
de mi maestro aprendí,
a refugiarme en los que saben,
a no ser esclava de uno
que finge ser maestro
y juego a ser su aprendiz.

XVI. El rol

7 de septiembre de 2021

Cada individuo
juega un rol en el mundo.
Tal vez un puente sea,
para llegar a el otro.

Los sabios son escaleras
que nuestras almas elevan
y con su grandeza y erudición,
nuestros cuerpos pútridos regeneran.

Del pecado que existe en nosotros,
ellos, de las penas, nos liberan.

¡Oh, príncipe! Quiero un día veas
cuanta algarabía y gozo,
cuando tu mirada y la mía,
al encontrarse huyeron del foso.

Cuanta alegría, fiesta y jolgorio,
cuando un hombre encuentra a un hermano,
cuando Azul encontró a «tú»,
a su león, a su sol, del otro lado.

XVII. Sueños húmedos

9 de septiembre de 2021

Pensé mucho en lo que me dijiste,
en como nuestro amor describiste,
unir nuestras almas sugeriste.
Sin calma vive hoy mi cuerpo y mi mente.

¡Juro que he querido resistirme!
Tú solo maliciosamente sonreíste,
allí estábamos los dos en mi cama,
besaste mis mejillas sonrojadas,
mientras mi cuerpo temblaba,
me abrazaste y dijiste:
—No hay prisa, iremos con calma.

¡Era yo la que ahora suplicaba!
Dije: —¡tengo miedo de perder mi alma!
Acariciaste mi pelo,
no supe en qué momento
nuestros cuerpos desnudaste.
Te vi por vez primera,
quise esquivar la mirada,
estabas orgulloso y experto,
a ti no te da miedo o vergüenza nada.

No sé si había música o silencio,
del mundo no supe más,
quería cerrar mis ojos,
pero no pude de nuevo esquivar tu mirada,
y así tumbados sobre mi cama,
apenas con las yemas de los dedos tú me tocabas.
Acariciaste mis ojos, mi nariz y mi espalda.
Quería que estratégicamente te detuvieras,
pero tú me esquivabas.
¡No puedo más! Te dije: —¡Te deseo!
Y mientras me besabas sentí que salía de mi cuerpo,
flotaba sobre la recámara.
Tú, desnudo yacías en mi cama,
tu cuerpo estaba ligeramente de costado,
yo tumbada sobre mi espalda,
vi como tus manos mi cuerpo recorrían,
solo gemía y a veces
con voz trémula algo más sugería.
—Si no quieres que yo lo haga, tú hazlo por mí.
Entonces mi mano tomaste
y quisiste que te mostrara,
donde mi cuerpo explotaba.
Finalmente decidí tú lo hicieras por mí.

¡Oh! Este amor desenfrenado y loco,
como mi cuerpo se estremecía,
cuando tus manos me recorrían,
pensé ese sería el día en que moriría.

Hasta donde tú me llevaste,
me abrazaste y dijiste:
—Creo que por ahora está bien.
Duerme de nuevo Azul, no quiero ir más lejos
mientras tu cuerpo y corazón listos no estén,
mientras haya dudas en tu alma.
Deja que por ahora solo bese tu piel con mis versos.
Duerme de nuevo mi bien, mi Azul,
que velo tu sueño y cuido tu alma.

XVIII. Significado del amor

9 de septiembre de 2021

Si del amor supiese el significado,
si el camino hacia el amado conociese,
si de mi alma tuviese conocimiento,
créeme, tú estuvieras a mi lado.

¡Oh! Mi alma pura y naciente
no puede vagar y crecer sola,
en este mundo primario e incongruente,
como tú, como el alma, ninguna.

Al que pide explicación,
mi cuerpo y mente hacen olas.
Recuerde la luna al sol sigue,
todo sucede al escuchar sus palabras.

No busques más, bebe,
deja que mi amor resuene,
que mi piel te ame,
como hoy, como siempre.

Si este canto te sabe a llanto,
es que en las noches te estoy buscando
y contra las rocas me he venido estrellando.

Y, aunque me visto de azul celeste,
usted solo me está esquivando,
mi corazón está herido de este tono indiferente;
de mí otros ya andan hablando.
Mi cuerpo ardiente canta y llora,
aunque las lágrimas se han agotado de mis ojos
abriendo cada uno de los cerrojos de tu corazón y de tu mente.

Ahora vago sola como una demente,
lo he perdido todo, solo me queda esta alma,
que te grita ames mi corazón ardiente
y ofrece bebas de esta copa.

XIX. Sobrio

Este *reel* es oficial,
lo quiero a usted besar
y poder sus manos tocar.

Si usted se va a negar,
me lo debe de mostrar.

Mi amor es oficial,
si usted lo va a negar,
me tendré que ir a otro.
Mas perdones no diré.

A usted lo quiero, a usted,
a ninguno de los otros.

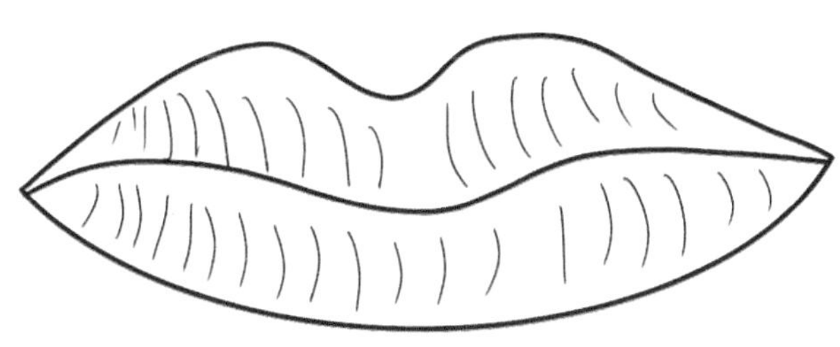

XX. ¿Qué es el amor para ti?

10 de septiembre de 2021

Mostrar amor no es un descaro,
más bien es cosa de sabios.

El amor recibido es un regalo,
no lo presumo,
en mi corazón lo guardo;
pues de celosos o pretenciosos me expongo,
no sea como Pedro y por miedo un día,
vaya a tú, a mi amor negarlo.

El amor es un vestido lujoso
que visto cuando te veo,
eres tú a quien amo.

Nunca pretendí enamorarme de un santo.
Mi amor es distinto. Soy Azul.
¿Y tú quién eres? ¡Ahora es el misterio!
¡He dicho que te amo! ¡Lo sostengo, te amo!

XXI. Quizá

Persiguiéndote siempre,
perseguido hoy soy,
mi amor es diferente,
pues de nombre llevo.

Mi nombre es Azul

Nunca pensé que fuese un santo,
usted no es la excepción,
tú es una semilla en el camino,
quizá llegue a ser una flor.

O tal vez no llegue,
quizá solo llegue a morir,
quizá trascienda al amor.
Quizá. ¿A dónde?, no lo sé yo.

XXII. Insensata criatura

10 de septiembre de 2021

¡Oh, insensata criatura!
Siempre replicando.
Acaso no ves que el hombre
en su cuerpo lleva una armadura.

Lo viste un manto dorado,
que el mismo sol ha labrado.
¿Con tu envida crees acaso poder tocarlo?
¡Sus palabras son canción para un corazón puro!

No sucede así para un diablo.

¡Oh, insensata criatura!
Es mejor callar,
cuando una alma pura,
está recitando.

XXIII. Mi otra mitad

14 de septiembre de 2021

Fui un barco a la deriva,
sin rumbo fijo mi destino.
Un ave sin nido,
minotauro sin encontrar camino.

Tú desde el otro lado surgiste,
me encontraste un día,
hermosas palabras en mi oído dijiste,
era otro lenguaje que no entendía.

¡Oh, cuarenta noches viniste!
No dormía, no comía,
con tu imagen me sostuviste,
al verte mi alma resplandecía.

¡Oh, dulce agonía! ¡Oh, alegría!
Los pasillos recorrían mi cuerpo,
fui un diario con hojas vacías;
tu imagen fue mi alimento.

La pluma violenta,
las hojas vacías llenaban.
Tu voz cada vez más clara,
en mi mente resonaba.

Es la sangre que llama,
es el fluido del alma que grita y reclama,
ir hacia ti, mi sol, mi león,
«la otra mitad de mi alma».

XXIV. Un hombre frío

14 de septiembre de 2021

Aunque mis ojos están sobre ti,
un hombre ahora distante y frío.
Ríos de versos al aire escribo,
como suspiros arrojados, como piedras al río.

De tu falta de empatía,
de tu frialdad no me deshago.
¡Dios! Debe de haber una manera,
no quiero desvivirme en halagos.

¡Qué forma de perder energía!
¿Es verdad que valdrá la pena,
perseguir tu alma
y añorar tu compañía?

No me queda otra,
dejar que el tiempo hable
y soñar que no es otra
a la que usted poesía quiera dedicarle.

XXV. Tú y yo uno

Y este cuerpo no soy yo
y tu cuerpo no eres tú,
tú eres mi pensamiento
y yo soy el tuyo.

Y de ese modo,
tú y yo somos uno.

XXVI. Mi alma la mitad de su alma

14 de septiembre de 2021

Mi vida es su vida.
Mi alma, la mitad de su alma.
Si ríe, gozo.
Si sufre, lloro.

Alguien preguntó:
—¿Cómo sabes que es tu amor?

Cuando azufre cubría mi cuerpo,
rosas y jazmines contigo vinieron,
así tu alma y mi alma,
un día juntas partirán al cielo.

—¿Cómo sabes que es tu amor?

Jazmines y rosas huelo
cuando oigo tu voz,
cuando sonríes,
ángeles descienden del cielo.

Somos tú y yo
en una nueva etapa.
En el amor no hay tiempo ni edades,
ni principio ni fin ni desigualdades.

XXVII. Tensar la cuerda

15 de septiembre de 2021

Tensar la cuerda,
cualquiera lo hace,
es saber hasta dónde,
maestría de sabios.

Por ahora soy alumno,
a discípulo aspirante;
tenga paciencia señor,
que sus indicaciones sigo.

Lamento si en algún momento
sus expectativas no cumplo.
No es el motivo por el cual vengo,
ni he venido a este mundo.

¿Quién soy?, ¡es lo que me pregunto!

XXVIII. Maestro o verdugo

15 de septiembre de 2021

Que hermoso aguijoneo,
una yegua salvaje un príncipe tiene.
Como tal en el desierto,
mi corazón va y viene.

¿Qué cosa dice el que envidia?
El que vive en estupor.
De este dulce aguijoneo,
de este juego de amor,
hoy me elogia, mañana no.
Le tengo noticias, mi pluma hace mucho
el tintero abandonó.
Ríos de sangre me preceden
y ríos de sangre le suceden.

XXIX. Yegua salvaje

16 de septiembre de 2021

De modales y maneras no sé nada,
como yegua salvaje me arrojé a la pradera.
Mas escuché que alguien dijera:
—A donde fueras haz lo que vieras.

Mi amor, el amor
es causa de un gran viaje,
no de sueños o quimeras,
mi camino apenas empieza.

Pero, ¿no es que así salvaje,
tú, como musa, me escogiera?
Azul, mujer que sabe querer,
ser poeta un día no será quimera.

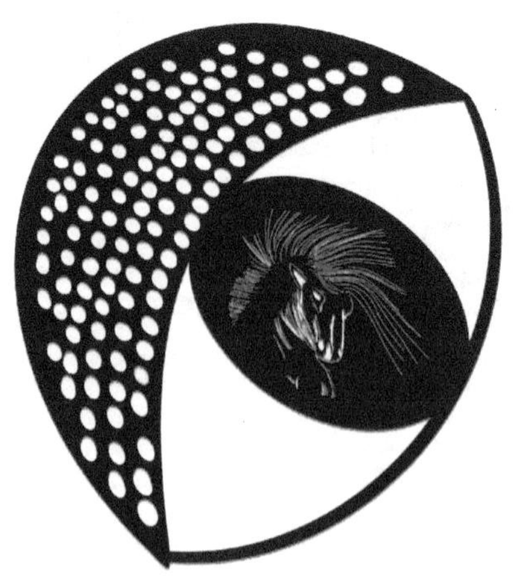

XXX. Por ti aposté mi alma

18 de septiembre de 2021

¿Por qué te esfuerzas alma mía,
en buscar semejanzas
con las que piensas te amaron un día?
Date cuenta, solo fueron «querencias».

Pero, ¿amar?
¿Es acaso un poeta
el que en adular
malgasta sus palabras?

Amor, amar, amada amante.
Hacia el amado
mi rumbo he fijado,
hacia la meta y sin pecado,
sin orgullo un día diré,
a tu lado he caminado.

El camino está trazado
con bordes dorados,
solo sensibles miradas
podrán encontrarlo.

¡Hey, tú!
¡Camina conmigo, poeta!
Quiero llegar contigo a la meta.

¡Oh, efecto Casimir!
¿Qué se esconde detrás del velo?
Cruzar la línea tal vez podremos,
pero, ¿tú el camino quieres recorrerlo?

No es acto de fe ni de falsas videncias,
gritó el copero. ¡Es real lo que yo ofrezco!
Mas tú, en tu ego y desobediencias,
buscas en la razón refugio.

¡Oh, poeta! Tu amada
su alma por ti apostó un día,
gritó con energía que tú valías,
que su cera por ti encendía
y sin más por ti velaba.

¡Oh, poeta! Que te esfuerzas en causas vanas,
date cuenta de que si pierdes la meta
no es solo tu alma la que el infierno reclama,
sino con ella también la de tu amada.

Ahora tal vez entiendas las diferencias
de amar y de querencias,
y de por ti apostar mi alma.

XXXI. Caí en tu suelo

22 de septiembre de 2021

Cerré mis ojos hoy por la mañana
e imaginé mi vida en otra tierra,
me vi descalza con túnica blanca,
aunque sé que llevarla negra es la usanza.

Mientras giraba y giraba,
mis pies apenas tocaban la arena,
¿Es el mar o es el desierto?
¡Qué más da, sé que es mi tierra!

En mi cuerpo no había más nada,
la túnica me llegaba al suelo,
cerré los ojos mientras giraba,
extendiendo mis brazos al cielo.
Levanté el rostro,
la hora el crepúsculo anunciaba,
mi cuerpo percibió tu cuerpo,
el perfume que de ti emanaba.

El sol me extendió su mano,
volé y volé con él sin más miedo,
me mostró el cielo, los astros y el firmamento,
que me acompañe le ordenó al viento.

Entonces girando y girando,
fuimos descendiendo,
a un paraje bello y no extraño,
caí en tu suelo, en tu pueblo.

XXXII. Mi perla

26 de septiembre de 2021

Mi perla, mi sol, mi león,
la vela que guía mi vida.
No pretendo robar tu aliento,
sino dar consuelo a mi herida.

Mi amor, *habibi*,
cuando tu suspiras
el mundo se detiene;
mi jardinero, el que ama.

Mi corazón te llama,
mis ojos te buscan,
mi vida sin ti es nada.
Eres el aroma que las rosas perfuma,
mi amado, el que ayuda,
soy la cera y tú la flama,
regresa a mí que sin ti
la vida es nada.

XXXIII. Puedo besarte

4 de octubre de 2021

Puedo besarte
desde el amanecer hasta el ocaso,
puedo besar desde la punta de tus pies
hasta tus brazos.

Puedo besarte
si lujosamente ataviado vas,
puedo besarte aún más,
si desnudo tu corazón está.

Mas como besarte, si negándose tus labios van.
Qué confuso es cuando los ojos invitan,
cuando las sonrisas incitan, pero llegado el momento,
como castigándome, tu amor me quitan.

¡Oh, amante! ¿Por qué tus suaves caricias adornan mi cuerpo
y en el momento culminante recibo hielo?
¡Oh, amante! Este fuego me ha abrasado.
¡Basta! ¿No ves que estoy viva?
¿No ves que el miedo se ha ido?
¡Ahora recibir tu alimento puedo y es lo que pido!

XXXIV. Tu ausencia

25 de septiembre de 2021

Sepa usted señor,
que no lo abandono,
las palabras vienen
de mi corazón en lo más hondo.

Que su ausencia,
en verdad causa infinita pena,
que, para darle valor,
he tenido que conocer su indiferencia.

Abrumada por el candor de la inocencia
es posible mi ser no entienda.
¿Cuál es la diferencia?
¡Usted un hombre! ¡Yo una mujer!
¿Qué demonios impide
que a usted lo quiera?

Por la vida anduve,
pensando no estar preparada.
¡Solo fue miedo el que tuve!
¿Quién para el amor se prepara?

Mis errores, locuras y travesuras
han hecho que a usted llegara.
Lo entiendo, ¡ahora no hay excusa!
Disciplina más trabajo será mi cura.

XXXV. Sin esperanza

25 de septiembre de 2021

Mis ojos se dirigen a ti,
sin esperanza de ser correspondida.
Mentí a mí misma al decir
que solo mi amor bastaba.

Hoy mis ojos se dirigen al vacío
el cual quiso ser llenado con tu amor.
Mi cuerpo no tiembla, permanece en calma;
pero mis ojos no cesan
de tirar y tirar más lágrimas.

Solo mi amor quedó,
parece que el amor no basta.
¡Ni siquiera puedo hablar!
¿Qué voy a decir? ¡Si no hay evidencia de nada!
Todos dicen que estoy loca,
que me enamoré de la nada;
que con mis cables cruzaba
lo que unos y otros trazaban.

Es verdad que la mayor parte
mi mente imaginaba,
que tus poemas leía y escuchaba
y mi mente construía de nada.

Pero mis poemas nuevos
siempre te los regalaba.
¿Qué me dices de los antiguos
que parece que lo tuyos contestaban?

Siempre hablan de lo mismo.
¿Qué no es este el espejo del alma?
¡Quiero llorar sin vergüenza!
Pero, ¿qué gano? Solo con decirlo
creí que el sentimiento
un día podría arrancarlo.

El amor no es espejismo dijeron.
El amor es vivirlo, no solo soñarlo
mientras te sigo esperando.
¡Dios por favor dame un signo
de que existes y no solo estoy soñando!

XXXVI. Hija de Adán

25 de septiembre 2021

¡Oh! ¡Hija de Adán!
¿Por qué a tu maestro desobedeces?
Corres detrás de ese ser,
que quitarte el alma puede.

¡Oh, Azul, mi Azul!
¿Qué haces a esta hora amarga?
Escribiendo letra tras letra,
trascribiendo palabra por palabra.
A ese que no quiere escucharlas…
Y si las escucha,
¿Tendrá ciencia para contestarlas?
¿Qué corona su cabeza cierne?
Que no te importe o impresione,
pues es el sol el único
que con su manto al hombre cubre.

¿Qué secretos su sonrisa encubre?
Porque no solo grita:
—¡Mujer!¡Ven!
¡Aquí te espera tu hombre!

De lo que en ti despierta,
responsable debería ser,
de lo que el alienta,
se debe comprometer.

«Cobarde es el que la piedra avienta
y luego esconde la mano».
Esa mano con la que sueñas
traviesa este en tu cuerpo mujer.

Azul, no pierdas el aliento,
no arrojes suspiros al viento.

Tú:
—Escribes porque quieres y o puedes.
Vendrás porque tú lo prefieres.
Me amarás sin esperar te pueda corresponder.
Azul:
—Pero nadie dijo que ese tú
me iba a tentar a quererle,
para luego irse sin dejarse más ver.

XXXVII. Crused mirrow

23 de septiembre de 2021

Que muchos seguidores tiene,
a mí solo me bastó un 44,
para llegar al cielo,
te recuerdo mi nombre es Azul, Azul 44.

¿Qué si vi tu retrato?
Vaya que lo he visto,
como anatomista lo he estudiado,
de memoria sé tu pecho cuadrado.

No ande presumiendo usted
que por teléfono le he llamado,
que en DM me las he arreglado.
Por cierto, en televisión nunca lo he mirado.

¿Que qué quiero?
¿Ahora resultó retardado?
Hasta en árabe se lo he explicado,
en inglés horas me he esforzado.

Tú solo repites:
—¿Qué estás diciendo?
¿Qué usted me dice?
Que quiere más le explique.

Vaya, pero si en versos no entiendes
ven carbón para que mis manos,
mis besos y no mis versos,
con caricias te lo expliquen.
¡Ah! ¡Otra vez dice que no entiende!
¡Pero que soy su amada! ¡*Habibi*!
Sí, sí, ya sé que el amor es confusión;
pero por favor señor,
usted cualquier límite trasciende.
¡Venga, aquí hay una mexicana pa' que le explique!
Muy atrapado en mis ojos te describes,
que sin modales me quieres.
Usted puede darme mil besos,
pero no compararme con pasados amores.
Luego se confunde.
Sí, señor, ¡qué mal entiende!
Solo quiero de usted
impregnarme de su perfume.

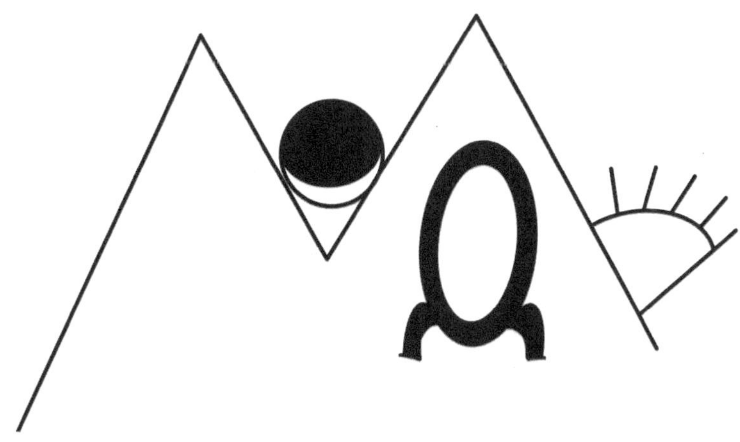

XXXVIII. Presente

Septiembre de 2021

Caminando por la banqueta me pregunté:
—¿Qué es el presente?

Él dijo:
 —Los sentidos recuerda.
Unidos úsalos y el momento trasciende.
—Lo intento, lo intento, lo intento —le contesté.

Sentí con mis pies el asfalto
a través de mis zapatos.
El sol cubrir mi piel,
aun a través de mi vestido.

El graznido de unos cuervos
escucharon mis oídos,
mi vista se elevó al cielo
y vi sobre una lámpara cuatro cuervos.

Hola, les he dicho.
Que extravagancia a esta hora,
gracias por haber venido.
Gracias por los hermosos sonidos.

Por un momento estuvieron conmigo,
quise fuera una eternidad
su hipnotizante graznido,
mas como todo, siguieron su camino.

Mi paso no fue ni rápido ni lento,
mas sí un constante movimiento.
Crucé un puente para llegar a mi destino,
al final vi una escalera en el camino.

Desde cero un letrero,
subiré peldaño a peldaño.
Unos adelante ya fueron
y otros atrás vendrán al dejar el miedo.
Seguro seremos amigos.
Qué sensación tan extraña,
es nuevo lo acontecido,
voz, perfume, tacto, sabor y mirada.
Vivir el presente lo logro contigo.

XXXIX. Sin principio ni fin

7 de octubre de 2021

Sin principio ni fin, eso es el amor para mí.
La calidez de tus sonrisas,
la sangre que colorea tus mejillas,
la lágrima, la saliva, el sudor
que de tu frente cayó a mi pecho,
cuando apasionadamente hacíamos el amor.

El olor de tus axilas,
tus silencios, tus excesos,
mis caricias, mis besos y mis versos.
Las miradas que todo lo dicen y hacen eco.

La cercanía, la distancia.
La ausencia que me trae anhelo,
el anhelo de vivir,
de ir contigo al cielo.

Tu amor que mostró
que es verdad que existe Dios,
que me obligó al estudio
y no solo a oler el deseo.

A leer si es preciso en el infierno,
a desafiar mis miedos.
Hasta el diablo engañar si lo requiero.
A derribar muros y lenguajes,
para un día lograrlo todo
y poder decir estoy, despierto.

Eso es amor para mí.

Tercera parte
«Confesiones»

I. Un día cualquiera

Hoy me desperté muy temprano,
con el cuerpo liberado,
el pensamiento y el alma descansaron,
lo confieso, una copa de tinto me ha ayudado.

Finalmente, un cambio de horario.
Es increíble que, como un niño,
con cosas pequeñas esté fascinada,
para rematar ya sabes, te he buscado.

La hojas del diario se han terminado,
así que te escribo en cualquier papel,
que importa ya después trascribiré.

La imágenes son bellas,
el amanecer, un nuevo día.
Tu túnica blanca, tus ojos;
sé que a pesar de todo hay alegría.

Eres la voz del poeta
que alegra multitudes
y la moral eleva
de sus fieles seguidores.

Un puente crucé para llegar a ti.
Tú una escalera.
Y ahora desde cero,
peldaño a peldaño ascender quiero.

Si el amor como el sol
se asoma a mi balcón,
tú hombre, yo mujer, lo asumo,
con sus rayos me cubro.

II. Eres

5 de octubre de 2021

Eres el río que cruza mi cuerpo,
luz y sombra,
origen y destino.
Eres el silencio y el poema,
el poema eterno que es la vida.

Estás en mi aliento
y en cada parte de mi ser,
pues una vez que nos consumió el fuego,
no hubo pluralidad del ser.

Eres tú en cada faceta,
el que me recuerda
lo que es ser mujer
y me impulsa a ser musa y a la vez poeta.

III. Rápidamente

5 de octubre de 2021

Cuando en una plaza te encuentre,
dejaré caer un recado,
así nadie sabrá lo que te cuente
y nadie sospechará que eres mi Amado.

Love Secret.

Tus palabras como siempre,
serás muy elocuente,
y en el clamor de la gente,
al terminar te llevaré
a un rincón del lugar,
donde a oscuras podrás,
tu amor mostrar.
Haremos el amor.
Rápida-mente.

IV. Asombro - vejez

6 de octubre de 2021

¿Es verdad que te asombro?
¿Qué cómo un niño
podrás recibir mi cariño?

¿Crees que no es nuevo este gozo?
Pues lo es, sinceramente lo digo;
de lo complejo y lo sencillo,
que miro me maravillo.

Que viví en una jaula,
reconocerlo fácil no es,
pues sin evidencia ni marca,
prisión de invisible barrotes
delimitó mi vida, parte de mi adultez.

Ahora mujer enamorada,
que escribe y habla sin tartamudez,
sabe la lucha hay que ganarla
o pronto llegará la vejez.

Es el enemigo del hombre
la inmadurez, la vejez.
Así que luchen conmigo,
varón, mujer, amigo,
hermano, venzámosla
pues.

V. Espiral vencido

6 de octubre de 2021

¡Oh mar, humedece mis sentidos!
Méceme suavemente en tus olas.
Me desnudo.
Sacúdeme el polvo del vestido.

¡Oh, luna que bañas mi piel, observa!
Río y mar, luz y sombra reunidos,
gusano a crisálida, crisálida a mariposa,
un ciclo cumplido; el espiral vencido.

VI. Recuerda

6 de octubre de 2021

¿Que qué persigo?
¿Acaso no ves?
¡Es a ti a quién sigo!

Azul:
sol que apareces al final de mi noche.
Amor sin fin ni principio.
Inmensidad venida del espermatozoide.
Nulidad del hombre.
Deseo impetuoso de uno ser.

¡Oh, complemento de mi ser!
Di, por favor, di mi nombre,
pues cuando crucé el río del olvido,
la tentación me venció
y una gota he bebido.

Él dijo:
tu camino has recorrido,
tu nombre es Azul,
decírtelo es merecido,
esto es el principio no el fin.

Sacude tus alas y desempápalas,
es tu decisión volar a solas
o volar en parvada.

Ríos, mares, soles y universos
te parecerán nada,
mas múltiples universos y galaxias,
un día serán como la explanada.

Recuerda.
¡Encuentra la palabra!
Recuerda.
¿O acaso vas a olvidarla?
Recuerda.
Cómo, cuándo y dónde es que te encontrará.
Recuerda.
¡Fue en una explanada!

VII. Una historia personal

8 de octubre de 2021

Es verdad que soy de los de a pie,
que trabajo desde los ocho.

Ahora usted me dice señora.
Todo es un recuerdo…

Y sí, el poema soy.
¡Soy ahora!

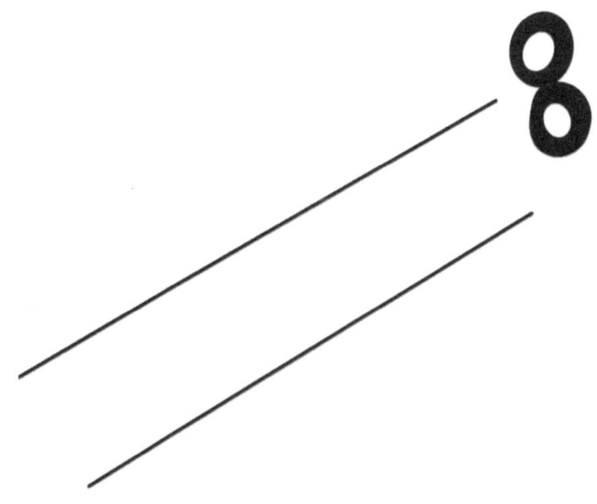

VIII. Un sueño

19 de octubre 2021

Te he soñado de nuevo.
Recostada en mi cama,
quisiera siempre hacerlo,
vi tus ojos negros y tu vestidura.

Sentí tus brazos en mi cuerpo,
pues te pedí un abrazo
en el último verso,
espero hayas podido leerlo.

Mientras seguía tus pasos,
puede ver también
el vestido que cubría mi cuerpo,
mi túnica era blanca,
aunque sé
llevarla negra es la usanza.
Me vi en un hermoso paraje,
sé que era un desierto;
estaba allí...
«Caí en tu suelo».

IX. El tiempo

19 octubre 2021

Sé que, por el mundo,
paso como una loca;
si es lo que piensan,
sabes que poco importa.

Camino de prisa,
con una establecida meta.
Las horas no sumisas
por el tiempo no son domadas.
Cuando el camino se empieza
no queda tiempo pa' nada.

Buena sintaxis, mejores palabras,
quisiera encontrarlas
para explicar mi búsqueda,
el amor de mi alma.

¿Qué por qué voy de prisa?
Que la vida no acaba…
¿Cómo sé que habrá un mañana?
¿Cómo puedo la vida explicarla?

Aunque sea ingenua o inocente,
trato de ser congruente,
y sé que el tiempo urgente
igual que la vida se escapa.

¿Qué puedo decir?
Que en el ahora vivo.
Que nada sé del futuro
y que estoy vivo.

X. Qué

23 de octubre de 2021

Mientras mi lavadora hace «chaca - chaca»
y cocino unas papas,
solté el sartén y corrí
a tomar mi libreta y una pluma.

Qué maravilloso sería vivir de la poesía,
describir con hermosas palabras,
cómo te fue hoy en tu día;
decirle al mundo que tu intención es vasta.

Que una montaña de árboles quieres llenarla,
que tu cara es mi alegría,
que tu mente siempre será mi compañía,
que al verte a los ojos adivino lo que hay en tu entraña.

Que eres el que mi corazón ama,
que eres el que llamo tú,
que eres mi amado
al que todos llaman…

XI. ¿Dónde estás?

24 de octubre de 2021

Cómo expresar lo que siento,
si aún no se inventan las palabras.
Es este inmenso sentimiento
que deja que la melancolía me invada.
Es tu ausencia
la que en mi corazón se clava,
es tu indiferencia la daga,
es tu ausencia el poema de mañana.

¿Dónde está el hombre?
¿Dónde está el poeta?
¿Dónde está la vida?
¿Dónde está la poesía?
¿Dónde está el que libera?
¿Dónde está el dador de vida?
¿Dónde está mi alegría?
¿Dónde está la cura a esta
melancolía?
¿Dónde estás tú?
¡Que no das muestras
que me amaste un día!
¿Dónde estás? ¿Dónde estás? ¿Dónde estás?

El silencio quema y la pasión apaga.
¿Dónde estás?
¡Solo está tu ausencia!

XII. Confesión

28 de octubre de 2021

Bajo las costillas,
se cierne mi amor,
es apenas una crisálida,
de un botón la flor.

Igual es mi alma,
que tímida palidece,
cuando tus pupilas se dilatan
e insinúas deseas consumar tu amor.

El viento es ahora mi amigo,
tu cómplice siempre ha sido.
De un tono azul ennegrecido
es la otra mitad de mi corazón.

Mi lado oscuro no he vencido,
ni vencerlo he querido,
pues sé que es el dador
de mi equilibrio.

¿Acaso quieres conocerlo, señor?
Tendrás que esperar un poco,
o tal vez arriesgarte mucho.
En esta oda no soy quien decide, sugiero.

Entre sábanas blancas, caricias y ternura,
puede que se dome un lobo
o quizá con suerte el amor consumas.
Mas ten cuidado que puede se te aparezca el «coco».

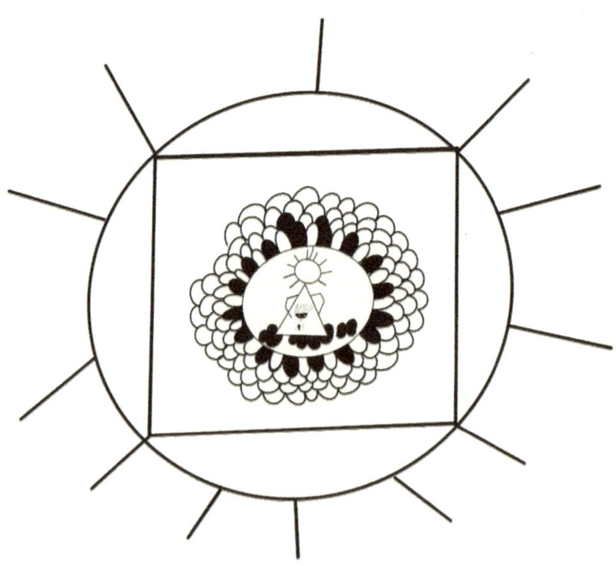

XIII. Piensa en mí

3 de noviembre de 2021

Si me ves en el camino,
piensa en mí como un niño,
como tortuga mejor bien dicho,
paso firme, pero lento.

Un pequeño tramo recorrido.
Libros poesías y poetas,
todo lo que puedo, observo.
Escrituras y sagradas letras
desfilan y bailan en mi cabeza.
Externar mi opinión errar sería,
pues apenas mi conocimiento se gesta,
mas aquí describo lo que mis ojos observan.

Un hombre con alma de poeta
que multitudes escuchan y aprecian,
un corazón con otra lengua
que solo descifra el que amor tenga.

XIV. Quiero ver a través de tus ojos

10 de noviembre de 2021

Quiero
meterme en cada poro de tu piel,
verterme en tu sangre y tu ser,
mirar a través de tus ojos
y lo que siente tu corazón saber.

Quiero
conocer tu alma, penas y alegrías,
percibir tu voluntad, tu fe,
compartir un espacio en tu día
y vivir el amor y no la hiel.

Quiero ver a través de la luz de tus ojos.

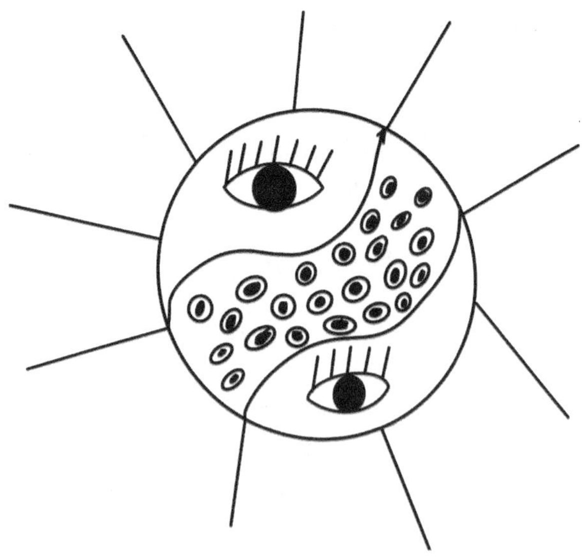

XV. Antes de ti

6 de noviembre de 2021

Tienes que saber que me enamoré de ti,
y que excusas tengo para decir
que eres tú el que me quita el sueño;
pero si busco dentro de mí no es así.

Si busco dentro de mí, encuentro
que de lo que hago lo que no hago y lo que creo que hago
la mayor parte del tiempo he procrastinado,
y eso es lo que me tiene así.

Deseos, anhelos y sueños no logrados
fueron por mí perseguidos un gran tramo,
es verdad, el sueño es así.

Si fuese una cuerda tendría mil nudos,
y con ayuda ahora, uno a uno de ellos me deshago.
Quito la lágrima y la lagaña de mi ojo,
el panorama ya no es borroso.

Explicaciones a mí misma me he inventado,
pero de lo absurdo casi siempre me he llenado.

Hoy aquí son las 03:33 a.m.
y sigo despierta escribiendo en mi diario.
Ya no busco más afuera,
sé que en mi misma está
lo que mi corazón anhela.

La imagen del espejo ha cambiado.
La cortina de humo se ha esfumado.
Puedo decirlo, ¡te amo!
Pero antes de ti, ¡me amo!

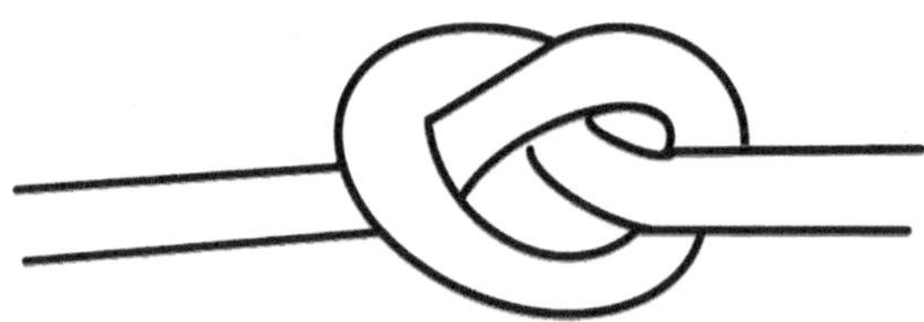

XVI. Azucena azul

16 de noviembre de 2021

Somnolienta en el jardín de rosas,
sublime voz de un manantial brotaba,
llegó substancialmente hasta su amada.
La rosa de sus espinas liberada,
entre abrió los ojos y por primera vez vio
como de azucenas su corazón él llenaba.

Una flecha cupido arrojó,
con punta en oro labrada.
El suave canto en amor arrobó,
la azucena azul despertaba.

XVII. El sembrador

20 de noviembre de 2021

Con acertijos de otros, escondes lo que has sembrado en mí.
De ese amor despistado mostré el germinado.
¡Mira tú, hombre, lo que te escribí!
Si el águila emprende el vuelo sin abandonar los polluelos,
el jardinero regresa siempre al jardín,
poeta de las dulces frases y las hermosas letras,
sé valiente y directo, regresa a mí.

XVIII. Mi amor es para ti

22 de noviembre de 2021

En el desvelo de mis noches,
el fervor me hizo devoto.
Mi corazón gala y derroche
del sentimiento hermoso.

Presa del intelecto titubeo, caigo,
cuestionando que tu camino y el mío
vayan en un mismo sentido;
propósito y desenlace idéntico siempre han sido.

De los enamorados dicen que se les ha dado un brebaje.
Mas el jarro desbordante vino nuevo escancio la copa,
dándome tú a probar el nuevo lenguaje.
Ahora solo hay cabida al amor en mi corazón,
dejando atrás la razón en el viaje.
Tú en tu sitio, yo en el mío.
El mismo cielo, el mismo sol.
El único Dios.
El absoluto amor.

XIX. Dueño de ti mismo

24 de noviembre de 2021

Tomé tu mano y me lancé en el camino.
Cogí unos zapatos viejos,
qué cómodos me han venido.
Dejé atrás victorias, glorias y penas.
No importan, nadie me quita lo vivido.

—¡No mires atrás! —me susurraste al oído.
—Piensa en ti hoy, es lo debido.
¡Aquí estoy! ¡Cuenta conmigo!
Dueña del mundo no eres ni soy.
Mas eres dueño de ti mismo.

XX. Las abejas

27 de noviembre de 2021

Voy donde las abejas ofrecen miel.
Encontré un manantial de agua pura.
Vicisitudes como hiel forjan mi armadura.

Un espíritu gentil se alegra del gozo ajeno
y puede volver hostil al envidioso.
Caminos hay muchos, correctos pocos.

Alegorías y metáforas a algunos confunden,
y a otros, las mismas alegorías sabiduría infunden
y te hacen llegar a Él.

Cuarta parte
«Sin censura»

I. Hiel

24 de febrero de 2022

Dices que me dejas,
que me abandonas,
que mi amor es dulce como la miel,
que te desvelas y mis palabras escuchas.

Esa historia la conozco,
sé que el amor perfuma,
mas un hombre no sabio,
dirá que el amor le abruma.

Sí…, lo sé,
pero…, ¿tú lo sabes?
¡Entre tú y yo hay miel!
¿Por qué quieres probar la hiel?

Entre tú y yo
definitivamente hay algo,
me has leído el pensamiento
y de tanta miel tengo hartazgo.

Usted podrá dirigir naciones,
mas yo mando en la casa;
no se diga entrada la noche,
también lo hago en la cama.

Y si quiere hacerme un reproche,
dígamelo a la cara.
¿Qué extrañarme quiere?
Pues vaya mucho a… (no digo donde)
Usted duerma en el coche,
yo calientita en mi cama,
quien lleva los pantalones,
ya lo veremos mañana.

Por cierto, es verdad,
usted dice la última palabra,
pues usted es el hombre.
A usted le toca decir: «sí, mi amor, nos vemos mañana».

II. ¿Por qué?

24 de febrero de 2022

Porque voy donde me invitan,
voy donde me llaman,
porque estoy desnuda,
porque estoy descalza,
porque me llaman vida
y doy esperanza
a la voz que me llama.
Porque alegro tu vida y
pongo una sonrisa en tu cara,
porque soy tuya,
porque soy de ti, el alma.
Porque soy Azul.
Porque me da la gana.

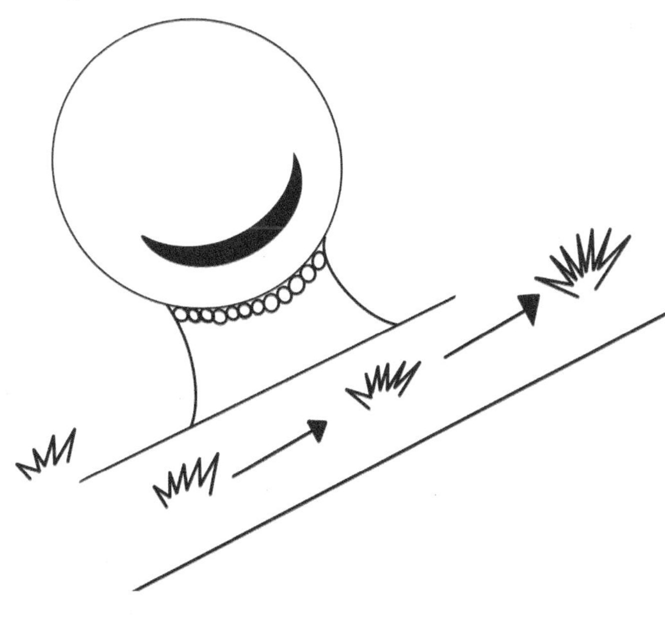

III. *Old fashion* (una carta)

4 de marzo de 2022

Mi amor:
te escribo estás letras esperando pronto recibas mi carta;
te deseo buena salud y te abrazo en la distancia,
conoces mi corazón y mi amor por ti...
Pero la ansiedad me mata
y la disipo escribiendo mis sentimientos hacia ti,
espero te agrade saber de mí.

Quiero que sepas que solo quiero amarte,
tus enormes ojos me hipnotizan,
y tus largas pestañas
hacen que la piel se me eriza,
mas cuando el mar nos separa,
el anhelo regresa,
como una bofetada en la cara.

Soy una mujer coqueta que le gusta ser mimada,
sentir que deseas estar en mi presencia,
pues tu ausencia en mi causa,
un gran dolor y enorme tristeza.

El anhelo no se ha ido,
mentí cuando dije haberlo vencido;
sigo extrañando tus manos,
tu pelo negro y sedoso.

No quiero que me necesites,
aunque para mí tu amor es necesario,
solo quiero que me ames
y que lo hagas a diario.

Siempre tuya.
Azul 44

IV. Es verdad

17 de marzo de 2022

Es verdad, estás en mi cabeza,
es verdad que tengo una ilusión,
mas una pequeña línea se atraviesa,
de la realidad a la alucinación.

Mi mundo es real cuando tú me besas,
eres la pista de mi canción.
Cuando recorren mi cuerpo tus manos traviesas,
tu canto alegra mi corazón.

Mis pasos siguen tu camino,
y si tu camino es el de la poesía,
que sea también el mío señor,
pues tu sonrisa me da alegría
y la poesía me da amor.

Sea pues alma mía,
tú y yo de la mano tomados,
en grito de algarabía digamos
somos uno y no dos.

V. Ella es especial

Marzo del 2022

Te guardo en mi pecho
como la más preciada perla,
todos quisieran saber,
por qué soy tan feliz al verla.

Su constancia y perseverancia,
dignas de admirarse,
similares a mi paciencia,
del amor son la clave.

Soy su amado
y ella es mi estrella.
Es tan especial,
dulce y fuerte a la vez, doncella.

¿Por qué discutir?
¿Por qué emitir querellas?
Sabes que eres tú
mis ojos de gacela.

VI. Quédate

23 de marzo de 2022

Quédate conmigo,
como los granos de trigo
que forman el pan
y alimentan el mundo.

Quédate conmigo,
como el ombligo
que conecta
la madre a un hijo.

Quédate conmigo,
pues el vínculo está hecho
y no podrán romperlo
o al amor vencerlo.

Quédate conmigo
porque nos pertenecemos,
como los soles y estrellas
que forman el universo.

Quédate conmigo
pues si tú te vas, no vivo.

Quédate conmigo,
no te prometo riquezas,
mas de mi tendrás siempre
mis versos y mis letras.

Quédate conmigo,
es lo único que pido,
quédate conmigo
como amante, como amigo.

Quédate.

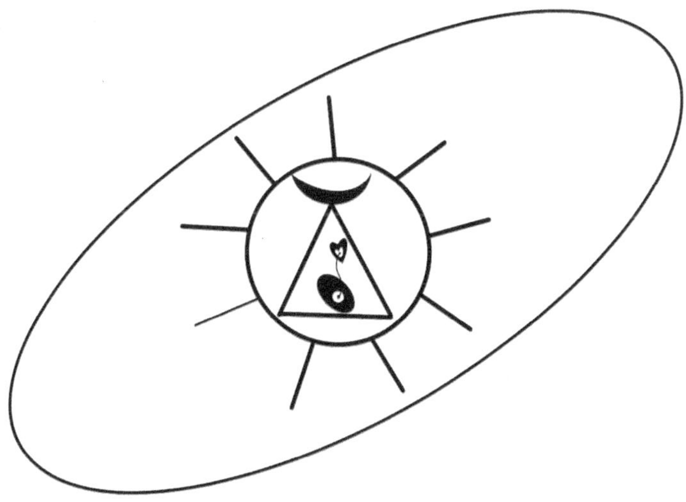

VII. Guárdame el secreto

4 de abril de 2022

Tengo que hacerte una confesión,
te la diré suavecito al oído.
Sabes, cortar y dar puntos es mi profesión;
mas una loca pasión tengo
desde que presto atención a tus versos.
Quisiera decir que es secreto,
pero la verdad cae a tus ojos
y a tus oídos discretos,
exaltando el amor,
que por ti profeso.
Del amor guárdame el secreto
y de la pasión, los versos.

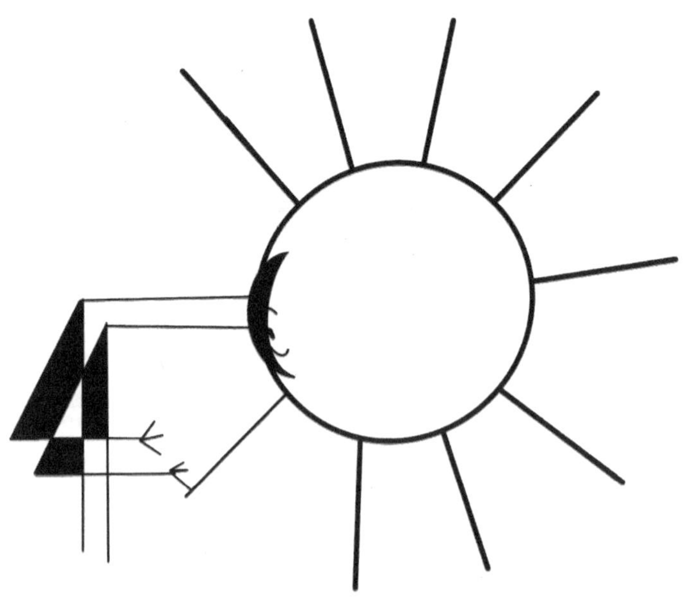

VIII. Ojalá

12 de abril de 2022

Ojalá fuese libre
para cantarte
lo que me da la gana.

Ojalá estuviese
cantando en tu ventana
y el tulipán sonriente,
alegrara mi mañana.

Ojalá me cuele como el sol
en tu piel, en tu almohada.
Ojalá fuese libre
y no del mundo una esclava.

Ojalá comprendieras
lo que mi corazón grita,
pero mi labios callan.

Ojalá fuese el mejor escultor
para esculpir el alma.
El mejor detective
y descifrar las claves

que hay en cada gesto,
en cada hermosa figura,
en los miles de pinturas,
pero, sobre todo, en tus palabras.

Ojalá fueses mío y no del vulgo
o de todo aquello que te distraiga.

Ojalá me abraces llegada la noche
y un beso me despierte en la mañana.
Ojalá nunca haya reproches.
Ojalá sepas como mi corazón te ama.

Ojalá sea hoy amor, sea siempre
lo que nos une y reconforta el alma.
Ojalá seas tú, ojalá sea yo,
ojalá, ojalá, ojalá… sea amor.

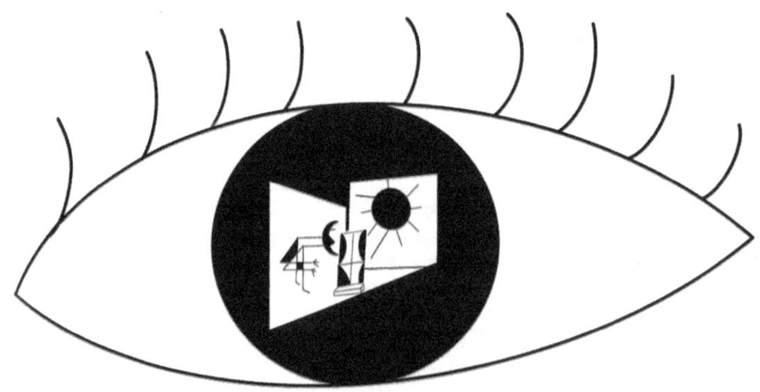

IX. A veces

A veces, me olvidaba
de todo, de ti, de mí,
de la vida, no me percataba.

A veces, como zombi
solo deambulaba.

A veces, hace falta una mirada
para recordarme quién soy
y que estás aquí.
Ahora ya nada es gris.

X. Te amo

Siento que me ahogo,
si no te escribo un verso.
Quisiera ser como esos grandes poetas
que en 8 palabras engloban el universo.

Y en 5 sílabas mágicas develan el secreto
del amor y la unión,
del amado y la amante,
del viaje eterno.

Quisiera un poema breve
que encierre lo que siento,
lo que mi alma contiene
y ha desbordado mi pecho.

No quiero ahogarme sin decirlo,
por eso te escribo
lo que ahora siento.
Te amo, lo sabes, no miento.
¡Te amo!

XI. Únete

Únete a mí joven poeta,
únete a mí cantando
tus versos y tus letras,
que la poesía es el tálamo
de todos los poetas.
Únete.

XII. Luna

La luna como monja
no toma, no fuma
y practica el celibato;
de la monja es un mandato,
de la luna es otro el caso,
pues no se ha sabido que, al sol,
haya alguna vez llegado,
aunque se rumora por siglos,
ella le ha buscado.

XIII. Soy amada

21 de abril de 2022

Estas son mis palabras para ti.

Soy amada.

Porque sin ti el río está seco
y mi árbol sin ramas,
lo mismo vacío el hombre,
cuando vive en la ignorancia.

Cuántas veces mi cuerpo,
se estremeció pidiendo ser amada,
y cuántas veces tú,
a mi corazón llamabas.

Y, aunque una y otra vez
me hablabas y o buscabas,
distraída, a otra parte miraba.
Otras por cobardía me justificaba.
Sin embargo, sé que no es mi culpa,
pues tu existencia ignoraba.

Ahora que feliz me encuentras
y dejas la puerta abierta,
puedes ver en mí
tu esencia reflejada;
pues mi corazón explota
al saber que soy por ti amada.

XIV. Centinela

25 de abril de 2022

Una y otra vez apareces
y mi corazón siente alegría,
a veces como una silueta y otras claramente,
tu hermoso rostro a la luz del día.

La eterna pregunta del ser humano
ha sido: ¿quién soy yo?
Mas siempre me preguntaba
¿quién eres tú?
¿Quién es el hombre real que amaría?
Ahora que de nuevo apareces,
completamente atrevida te he preguntado:
¿quién eres tú?
Me has dado una respuesta,
apenas si te escucho susurrando en mi oído.
Mis ojos te buscan de nuevo,
ha sido un chispazo,
pues de nuevo caigo dormida.

XV. Vestido blanco

27 de abril de 2022

En la eternidad te busco,
en la arena, en el sol,
en la espuma blanca,
en la sonrisa de la luna
que se asoma en mi balcón,
en el viento que revuelve mis cabellos
y susurra tu nombre
cuando cierro mis ojos
y contigo sueño.

No me di cuenta
Tú aquí ya estabas,
una lucha interminable buscando
amor en mi corazón y el alma.

Mi cuerpo atrevido,
contigo luchaba,
miles de preguntas,
siempre formulaba.

¿Por qué luchar si busco paz?
Mi espíritu exaltado,
yendo de extremo a extremo
en la vida diaria.

Ahora camino descalza,
con mi cara lavada,
con mi vestido blanco,
con el amor que buscaba.

XVI. Di que no me has visto

27 de abril de 2022

Todos piensan que soy tonta
por tener un proyecto de amor,
que amar es cosa de locas
y las palabras, en este siglo, nada importan.

Sin embargo, pienso en ellas,
como el músico que toca del piano las teclas;
el poeta puede hacerte sentir las estrellas,
navegar en el universo o extraer del mar preciadas perlas.

Así el tonto y el loco,
sus pupilas dilatan,
cuando miran el cielo,
y solo ellos saben lo que recrean,
lo que han mirado o visto
en su corazón guardado llevan.

Y si por algún motivo me descubrieras,
¡di que no me has visto!
Que soy la loca,
 y no tengo nada de sabio o místico.

Sigue de largo si es tu deseo,
aunque ahora sabes que soy real.
¡Qué existo!
Y que tú me has visto.

XVII. Verbo

9 de mayo de 2022

Es verdad lo que dices,
el amor es verbo no sustantivo,
pero para que eso sea posible,
tendría que conjugarme contigo.

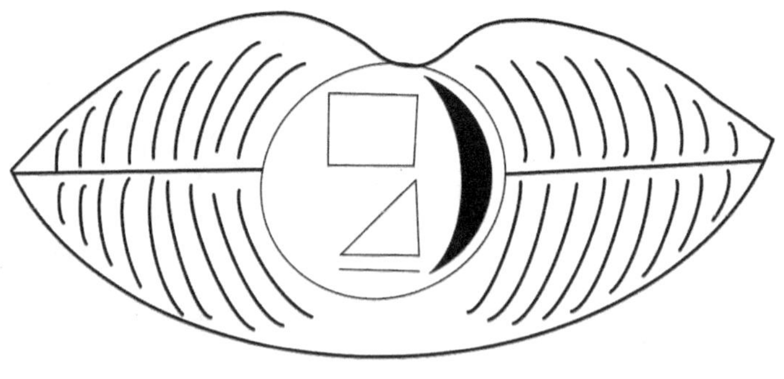

XVIII. Perceptible a mi corazón

17 de mayo de 2022

Tal vez te escondes tras una cortina
y la edad ha forjado tu armadura,
frunces el ceño y llevas la barba hirsuta,
mas en tu corazón guardas del jazmín frescura.

Tu experiencia es oportuna,
para el digno trato de una rosa,
pues más vale una mirada piadosa,
que derroche de vida y fortuna.

Tu alma tocó mi alma
y me liberó de la esclavitud,
que el cuerpo llevaba impresa
y al ligero toque surgió mi virtud.

El amor no es una carga
o una terrible condena,
el amor es el aliento,
que a los amantes sujeta.

Te elijo a ti, ante todo,
sé que habrá diferencias,
tras cada debate habrá un logro.
Y, aunque invisible te creas,
en mi noche oscura vi tu rostro.
Ahora ya no hay cadenas.

Autoras Azul 44, Yuliet.

XIX. Él

Tenía frío y me regaló el sol.
Tuve miedo y me dio el coraje de un león.
Sentí sed y un río me señaló.
No sabía a dónde ir y el camino mostró.

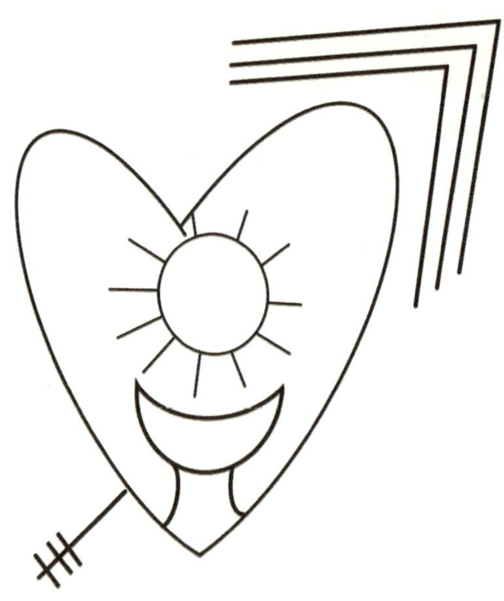

XX. Rosas

8 de mayo de 2022

Es difícil aceptarlo,
solo veía espinas donde hay rosas
y el más grande milagro de su creación.

Quinta parte
«Conmigo vives»

A. «Vivo o muerto»

I. Uno soy

1 de diciembre de 2021

Azul:
suave murmullo del cielo,
brisa que refresca el alma,
tu lengua hace un siseo,
cuando sonriente dices te quiero.

A él siempre buscándole,
cuando en realidad deseaba,
no estar al sueño aferrada.

Él:
me manifiesto despierto,
me proclamo no muerto,
aunque una y otra vez por ti,
a este mundo regreso.

Te amo y te elevo al cielo.
La posibilidad muestro.
El camino está dispuesto,
los zapatos tú ya los llevas puestos.

¿Qué quién soy? Siempre preguntas y reclamas.
Soy el ángel que ronda en tu cama.
El grillo que en tu cabeza canta.
La paloma de la esperanza.

El bardo que goza, atronadora risa,
cuando la felicidad se alcanza.
Soy el poeta, el poema, la poesía,
el jardinero, la flor y el jardín;
el infinito, el amor,
el amado y el amante.
Soy el que soy.
Soy tú y tú eres yo.
Y al final lo descubriste.

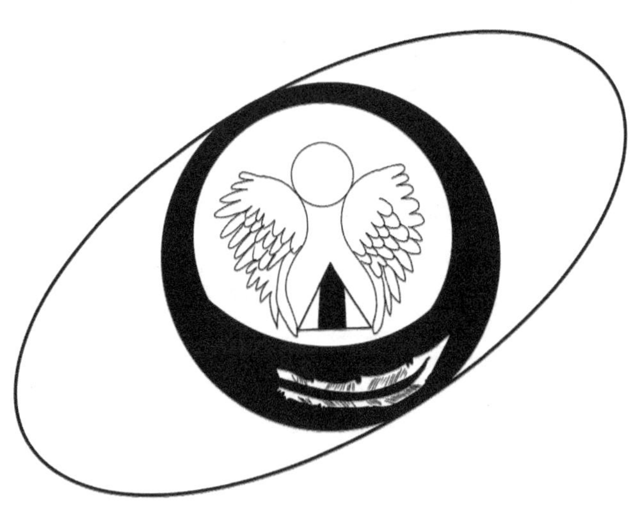

II. Zigzagueando

4 de diciembre de 2021

Zigzagueando, serpenteando,
arena bajo el vientre,
sol que tuesta la espalda,
sedienta y hambrienta,
miras el horizonte,
pálida seca arenisca,
ciega, muda, engañada,
así es tu vida. ¡Levanta la vista!

¡Oh! ¡Como halcón
ansías elevarte al cielo!
Desgarrar el velo,
un plumaje cubra tu cuerpo.

Seres malvados
tergiversando versos,
¡Me mudo, del infierno
me voy, me voy al cielo!

Serpiente emplumada,
mostraron mis ancestros,
ave que surca la esfera,
logro de sueños y anhelos.

Naturaleza primaria,
escondida y preservada,
asechando precavida,
a veces tiro mordidas.

¡Oh! ¡Secretos, más secretos!
Revelaciones del cielo.
¡Abre los ojos!
Si volar puedo,
¡tú puedes hacerlo!

III. Los elementos

9 de diciembre de 2021

En el mar del destino,
como pez me encontraba,
caí en tus redes,
contrarios que se liberaban.

Mejor tuerto que ve,
que aquel que mira dormido.
Desnudo mi ser,
cuerpo de lino vestido.

¿Qué quién fue? Mmm, no lo sé,
¿Qué de dónde vino? ¡Tampoco sé!
A esta hora me importa un comino,
pescador de hombres, miel, vino, lino.

Agua que calma la sed.
Aire que respiro.
Tierra que arde.
Fuego de estar vivo.

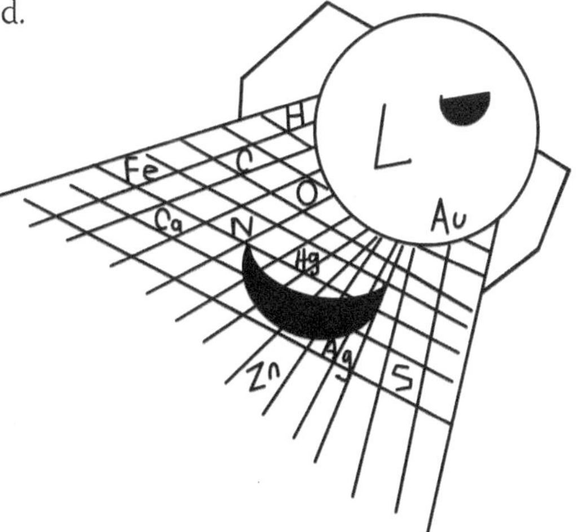

IV. Sé

Amo los cantares,
el cantante, la canción,
bailes giros incansables
me gusta el eco y la voz.

Sé de dónde vengo.
Sé a dónde voy.
Y de ser y saber,
mi maestro eres tú, señor.

V. No sé

9 de diciembre de 2021

No sé porque mi amor publicité,
el sentimiento era tan grande,
que pensé en mi cabeza no cabría
y así lo arroje de mi cabeza a mis pies.

Mas de nuevo él se levantaría,
albergándose en mi corazón mi ser.

No sé cuál es la fórmula,
no sé el método o la vía.
Solo sé que él,
a mi vida llegó un día.

Cual niña perdida,
en sus ramas me mecía,
bosque latente de mi vida,
luz generosa que me guía.

El párpado abierto,
en el ojo el asombro,
ignorantes íbamos,
hombre y mujer, hombro a hombro.

No sé te dije,
pero tú me traes alegría,
comprensión a la mente,
albergando en el corazón sabiduría.

No sé quién eres tú;
sin embargo, sé que tú
sabes quién soy.
No sé de ayer ni de mañana.
¡Solo sé de hoy!

VI. Vuelve a ser niño

12 de noviembre de 2021

Que difícil decir te quiero
cuando nos invade el miedo,
cuando se es «un hombre frío»,
acertijo es derretir el hielo.

Millones de sonrisas, gratas palabras
al mundo llenaban cuando éramos niños,
cuando solo el amor importaba,
el calor del sol y los abrazos bastaban.

Ahora,
millones caminan de prisa.
¿Dónde están las sonrisas?
¿Dónde las tiernas miradas?
¡Distraída, tu existencia se vuelve nada!

¡Despierta!

Vuelve al sol.
Vuelve al amor.
Vuelve al jardín.
¡Vuelve a ser niño es mejor!

VII. La senda

10 de diciembre de 2021

Si la senda es horrenda,
¿cómo será el destino?
¿Será mejor?
¡Mejor no imagino!

Energías y fuerzas
en tu torrente sanguíneo.
¡Azul no gastes tu luz,
en el que no bebe vino!

Cada quién tome su cruz
y arrójese al camino.
Bebedor sediento
es verdad, manantiales hay
escondidos en el desierto.

VIII. La despedida

Estoy un poco celosa
de las mujeres poetas.
He leído versos y prosas,
mientras a ellas les llaman diosas
a mí me miran el culo y las tetas.

Lo sé, lo sé, culpable soy,
pues habiéndote hallado, te guardo
mil y un versos escritos
en mi cuaderno, en mi diario.
Sin contacto ni nexo,
recluida en mi armario.

En la exaltación del rasgo,
lagrimones llenaron un río.
¡Oh, muerte siempre asechando,
sé que a mi derecha vives!

Mas te voy esquivando,
aunque a veces lo niegues,
al hombre vas sujetando.
Como buena mexicana te dije:
—A mí me pelas los dientes.
Me engañé muchas veces…

Tú confundida dijiste:
—Azul, vine porque me llamaste.
Espera la hora, aún no es muy tarde…
Me voy, por ahora,
a engañar a otros,
de ellos es hora;
fáciles presas, salvajes potros.

Mirar el culo y las tetas
a los hombres estorba,
torva por mundanos placeres,
el despertar no se logra.

Mas en esencia la vida,
sexo contiene,
ansía el amante ver consumida,
preservar estirpe y especie.

Sueño es la vida,
castillos de arena.
Si se vive dormida,
es igual a estar muerta.

Mas despierta,
sutilmente muestras
habilidosas palabras,
signos, símbolos y letras
que vida detentan.

Adiós muerte querida,
hoy te doy la despedida.
No voy celosa,
feliz voy de estar viva.

IX. ¡Ozz!

12 de diciembre de 2021

En un camino me encuentro,
entre amigos y hermanos venciendo obstáculos.

Dulce e intelectual espantapájaros.
Tú obtuviste un cerebro.

Un corazón para emocionales versos,
siempre ir escribiendo.

El valor e instinto de un león,
para a todos protegernos.

Él musitó mi nombre.
De Ozz he regresado, aquí estoy.

Dulce espantapájaros, mi león.

X. Es verdad

14 de diciembre de 2021

Es verdad que su sonrisa,
vino a mi vida a alegrarme,
sus atenciones y bromas,
vaciaron la melancolía.

Es verdad el ángel
otorga palabras melodiosas;
así el mar puede,
mecerme en sus olas.

Es verdad, un príncipe
beso a una princesa dormida.
Y un príncipe liberó a otra,
que en un encierro vivía.

Semejanzas son rarezas,
pues de príncipes y princesas,
persigo solo abejas,
sean o no de la realeza.

XI. Ángel

14 de diciembre de 2021

Te acaricio con la pluma de mis alas,
cuando vuelo sobre tu cara.
Nunca la brisa fue más tibia
que las tiernas miradas
y la espuma del mar en la orilla,
deseó más refrescar tus imborrables pisadas.
Que el nocturno canto de mi aliento,
llegase surcando los vientos,
hasta tu silencioso aposento,
encontrándote en letárgico sueño,
que amamanta el terrible engaño
del que en vida llevas preso.

Te acaricio de nuevo,
con la pluma del verso,
mis labios están sellados,
aunque quiero darte uno y mil besos.

Di licencia a mi alma,
de vivir de ti enamorada,
aunque en vida fue desdichada,
la que hoy se proclama tu amada.

Mis invisibles alas te toman,
en viaje sereno y eterno,
mas tú confundido pensaste,
que era el sueño.

De nuevo volviste
a ser barro;
valerosamente y triste
a tu encuentro salgo.
Una y otra vez vuelvo,
aunque te tome mil años.
Tú irás conmigo al cielo.
¡Te lo prometo!
Y si es preciso, ¡puedo jurarlo!

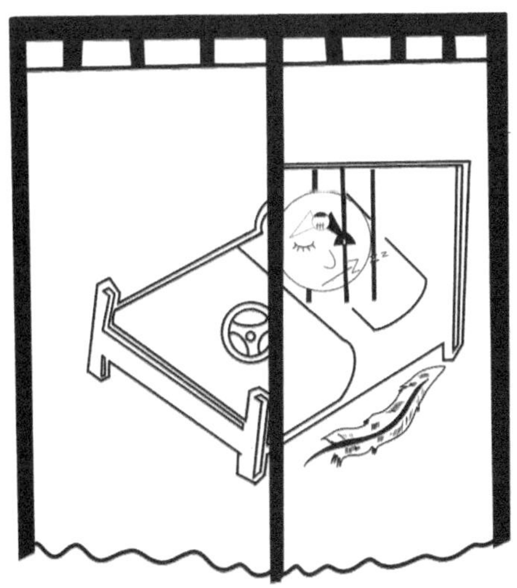

XII. Alma de niña

17 de diciembre de 2021

Como niña sonriente juego,
alma juvenil fresca y lozana,
que encierra este cuerpo,
busco febril el que mi corazón aloja.

Se dice de mí que estoy loca,
por vivir de ti enamorada,
cual corcel desbocada,
me proclame tu amada.

El reloj del tiempo fue roto;
mi corazón está vivo
desde que vi tu rostro
y escuché de tu voz el sonido.

Aunque larga fue la espera,
para escaparme contigo,
Dios da el regalo que él quiera,
confeccionó con tus brazos mi abrigo.

Esta amante no es presumida,
mas deseo expresarte.
«Que no hay plazo que no se cumpla
ni contienda que no sea vencida».

Que mi alma es la tuya,
pues en cada palabra
te entrego mi vida,
que inmortal es la lucha
y que no habrá despedida.

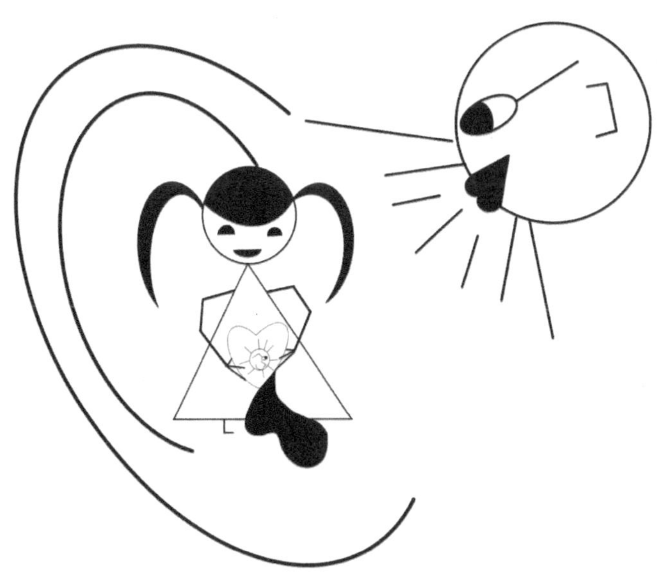

XIII. Ahora eres mío

Mi alma joven,
bajo esta piel que se marchita,
busca el fuego incesante,
de tu boca bendita.

En mi cama, tendida,
fingí no anhelarte,
fingí estar dormida,
mientras tú pretendías besarme,
lamer mis heridas.
Tú un lobo, yo, oveja perdida.

Desataste mis trenzas,
arrancaste las prendas que vestía,
mis muslos desnudos,
temblaban sin frío.

Dos cuerpos danzando,
en un corazón unido.
El cielo alcanzamos,
cuando te hice mío.

XIV. Tengo miedo

27 de diciembre de 2021

Tengo miedo,
de que mis brazos no basten,
para dar consuelo a un corazón,
con una y mil heridas.

Tengo miedo de que mi cuerpo,
no sea el regalo que ansias.

Tengo miedo de que mis canas,
no sean bien recibidas.

Tengo miedo de que esa y otra arruga,
que enmarcan mis ojos,
al ser una mujer madura,
te hagan pensar,
que no soy hermosa.

Tengo miedo pues al no ser una diosa,
tú un ángel, no me ames
y siga ansiosa.

Tengo miedo,
que como un cristal me rompa,
al saber que, ante tus ojos,
no soy valiosa.

Tengo miedo de morir,
sin haber besado tu boca.
Tengo miedo y no sé qué hacer
para salir de esta batalla airosa.

Tengo miedo de amarte más,
de lo que puede contener
mi cuerpo y mi alma loca.

Tengo miedo de morir
y no poder consumar
el amor que me provocas.
Tengo miedo...

XV. ¿Quién eres tú?

Diciembre de 2021

¿Quién eres tú?
Que aun sin conocerte te amo,
que, a mis preguntas,
tienes todas las respuestas.

¿Quién eres tú?
Que, sin pedirlo,
me has dado la vida
y hoy no estoy muerta.

¿Quién eres tú?
Que no sé vivir sin tu amor,
que, al sonreír,
ahuyentas todo el dolor.

¿Quién eres tú?

Que mi más grande anhelo
es estar en tu presencia.
Y, aunque en esta vida voy de paso,
busco tu misericordia y tu clemencia.

¿Quién eres tú?, que a veces pienso,
me olvidas y abandonas,
mas siempre caigo en tus brazos
y tus alas el dolor compensan.

¿Quién eres tú?

XVI. Que lo perdonen

Diciembre de 2021

Me es tan valioso este amor,
que no quiero exponerlo.

Debe haber sido muy doloroso a Dios,
enviar un ángel del cielo a este mundo.

A esta tierra de ciegos y locos,
donde su palabra importa poco,
donde un ángel se revela al mensajero
y solo puede esperar que se le llame loco.

Donde nadie somos responsable de nuestros pecados
y negamos los hechos para ser perdonados.

¡Pues que lo perdonen! ¡Que lo perdonen!
Esos que dicen tienen potestad de perdonar.
Pero eso no significa que la puerta está abierta de par en par,
para quién sin trabajo realizar la gran puerta pueda cruzar.

Que lo perdonen los que dicen tienen
potestad de perdonar en este mundo.

Qué locura que jueguen,
con el temor del hombre,
sin una cosa que enseñar
y solo imponen calamidad.

XVII. Cuando

10 de enero de 2022

Cuando…
Cuando la luz ciegue la oscuridad
y el grillo que canta en mi oído,
llegue a su esplendor, al clímax.

Cuando el verano se haya ido
y venga el otoño a mi vida.
Cuando mi llanto se vierta en río
de amor, que vuelca en océanos.

Cuando se rompa el velo
y no exista más sufrimiento.
Cuando el ángel aleje el tormento
y junto a él surque los cielos.

Cuando cruce la puerta,
que siempre estuvo abierta
y sepas que también,
como tú estoy viva y no muerta.

Cuando mi cuerpo tiembla,
porque es muy fuerte tu esencia.
Cuando el sol eclipse la luna
y cada una de mis células en amor explota.

Cuando aceptes que tú y yo es igual a uno

¡Cuando más te amo!
Cuando no exista la palabra olvido
y las lágrimas corren por mis mejillas,
del amor que mis ojos contenían.

Cuando las miradas se encuentran
y los amantes nos extrañamos.
¡Cuando estoy viva y no muerta!
¡Cuando no estoy dormida, estoy despierta!

Cuando lees mis letras.
Cuando escucho tu voz.
Cuando abres la puerta.
Cuando la voz elevas. Cuando te amo.
¡Cuando Dios quiera!
¡In sha´allah!
¡In sha´allah!

XVIII. Dame

Da Me.

Di una palabra
y te daré un poema.

Dame tu tiempo
y te daré mi vida completa.

Mi amor como universo.
Mi cuerpo como tu templo.

XIX. Solo para tus ojos

Solo lo para tus ojos,
está mi piel sin vestido.

Solo para tus ojos,
está el amor recibido.

Solo para tus ojos,
el brillo del amor.

Solo para tus ojos,
la luz que irradia el sol,
cuando la vida cobra sentido.

Solo para tus ojos,
el camino compartido,
con el mismo propósito.

Solo para tus ojos,
desnudos tu cuerpo y el mío.

¡Solo para tus ojos, amor mío!

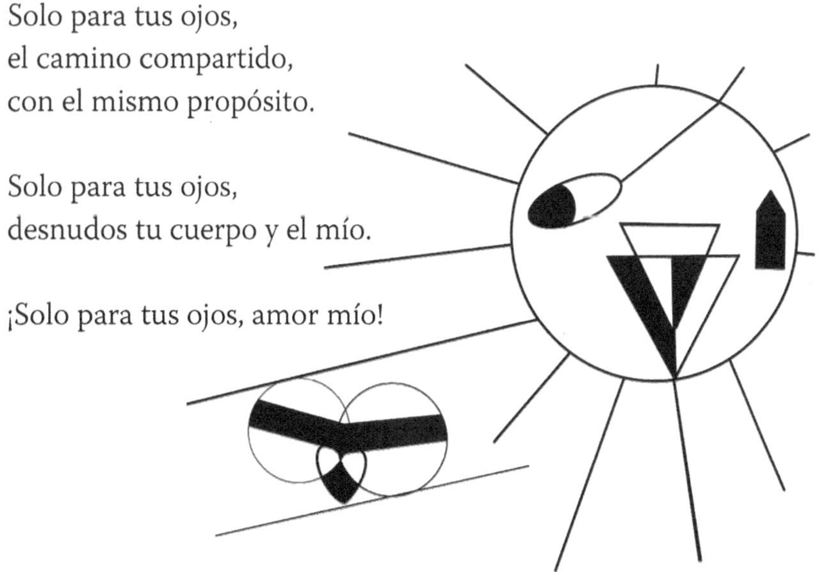

XX. El mismo nido

12 de enero de 2022

Apenas un parpadeo
y me despierto…
Pretendo no interesarme,
mi corazón hace un vuelco.

Asumo el papel
que fui obligada a tener.
Mi alma guarda al hombre,
que en mi lucha quiero obtener.

Versos y sonetos escribo,
mil y un muros derribo.
El miedo finalmente vencido.
Tú dijiste:
—¡Aquí estoy!

Tú y yo en el mismo nido.

B. «DULCE TORMENTO»

XXI. Tormento

13 de enero de 2022

Azucena bendecida,
por el gozo de la vida,
elevo alegremente mi canto,
como quien por el amor suspira.

Mas cuando en cuenta caigo,
estoy frente a una fronda sin ramaje,
la tristeza se torna mi manto
y la soledad la herida más salvaje.

Mi azul se vuelve blanco,
el grillo dice cantando:

—«Lo que antes te estaba matando
ahora te está salvando».
Sé fuerte Azul, sigue cantando,
que también como tú seguiré cantando.

XXII. Vena

La vena de la poesía
me está atormentando,
como quien marcha al patíbulo,
voy caminando.

Mientras me sigo preguntando:
de la vida el propósito,
de por qué estar soñando,
del gozo del bardo
y de este corazón loco,
que tanto te está amando.

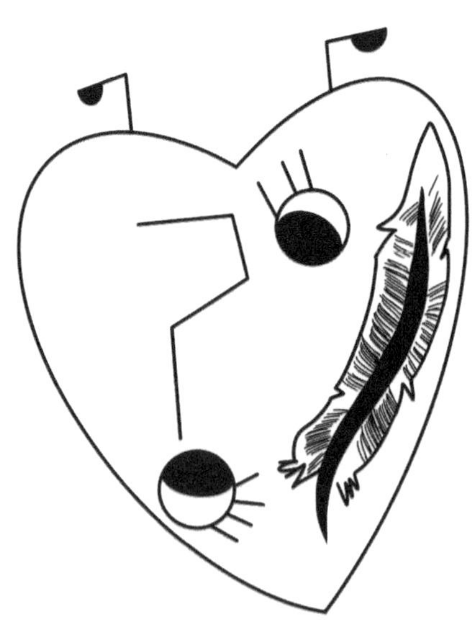

XXIII. Vampiro pandémico

14 de enero 2022

Todos me tratan como un vampiro,
porque dicen el sol puede quemar mi piel.
Así vivo aprisionada,
solo soñando con él.

Años han pasado (2).
Sé me ha blanqueado la piel.
Triste y desolada,
quiero irlo a ver.

Aunque el mundo quiera oponerse,
bajo el sol me bañaré.
Solo me han engañado…
¡Es un límite! ¿Por qué no lo ves?

Por amor me moveré a él,
de la entraña fuerza sacaré.
He dejado atrás la niña,
recibiendo la mujer.
Ni eres ni somos vampiros,
somos varón, mujer.

XXIV. Jardín de olvido

17 de enero de 2022

Del cielo escapó un ángel,
como gotas de rocío.
Húmeda la tibia rosa,
buscó al tulipán herido.

Quiso compartir con él,
el regalo recibido,
pues su vida marchitaba,
en horas de hastío.

Una senda ya trazada,
miles de tareas asignadas,
a la rosa atrevida no importaba,
al tulipán atosigaba.

En piruetas y palabras,
la rosa desfallecía,
pidió a Dios nuevamente enviara,
al ángel en rocío,
que el tulipán despabilara,
para huir juntos del jardín de olvido.

XXV. Apareciste tú

En túnica blanca,
apareciste en mis sueños,
surgió entonces la urgencia,
de decir te quiero.

Mas mis labios están sellados
y besar los tuyos no puedo,
y mis brazos atados,
sin poder rodear tu cuello.

¡Dios! ¿Qué es este amor?
¿Qué me lastima?
Y me obliga a dejar atrás la vida.

Ir de túnica blanca vestida,
mas ligera la carga,
con el amor de mi vida.

¡Qué importa si voy descalza!
Si a él estoy unida,
si ahora soy su amada
y soy bien recibida.

XXVI. Labios sellados

24 de enero de 2022

Mis labios están sellados,
aunque quiero darte más y más besos,
y la tinta no es suficiente,
para escribirte los versos.

El mar del sufrimiento,
naciones abraza,
y la mía es un ejemplo.

Es verdad que
en el desamor no se existe,
mas en la ignorancia,
se sabe la posibilidad no existe.

Cerrado el párpado,
cerrado el oído,
sombras caminantes,
millones son y han sido.

Tú y yo, del otro lado,
caminos unidos,
es verdad no somos iguales,
mas el mismo propósito nos ha reunido.

Camina y camina caminante,
corre por tu vida si es preciso,
pues el tiempo se acaba,
si el espiral no es vencido.

Corre, vuela, imagina, crea.
Abre el ojo y el oído,
junta tus labios con los míos,
rompe el sello del olvido.
Recuerda que del amor,
tú eres el amor mío.

XXVII. Cuando él te encontró

3 de febrero de 2022

Cuando caminas descalza,
con la mejilla húmeda de tanto haber llorado,
cuando ya a nadie le importa el amor,
cuando matar, violar, maltratar una mujer es moda.

Cuando gritas con las uñas, con los dientes, con la carne
humeante;
cuando solo por verte mujer sería suficiente
y aun así vivo ejemplo del atroz crimen,
ellos se atreven a decir que mientes;
cuando no queda nada para ti en este mundo
y entre el dolor te atreves a caminar llevando en alto la frente.

Cuando mis huesos se han roto,
una y otra y tantas veces.
Cuando mi corazón se parte
y aun así por ti sigue latiendo.
Cuando no sé de qué habla la gente,
aunque los estoy oyendo.
Cuando el vil sacrifica niños y mujeres
y piensa, Él no lo está viendo.
Cuando el mundo se ha fragmentado
y piensas que mueres.

Cuando has sido callado, cegado,
engañado y estás encerrado.
Cuando solo por ser mujer
te han roto, una y otra vez,
los huesos te han quebrado.
Cuando Él te encontró
perdida vagando como una demente.
Cuando de este mundo partió el amor
y solo el dolor quedó.
Mas cuando sola crees que vas,
él está a tu lado...
Cuando escuchas la voz:
—Azul, camina, de ti no me he olvidado.
Cuando.

XXVIII. He soñado

5 de febrero de 2022

La vida se tornó valiosa cuando comprendí,
que en cualquier momento terminaría,
que tonta fui al no estar junto a ti,
cada minuto cada hora de mis días.

En mi cama yazco tendida,
allí estoy soñando.
Apenas percibo la luz del día
y una lágrima asoma a mis ojos,
inmóvil, quieta, muda,
absorta, perpleja, dormida.

He soñado que estoy muerta
y otras he soñado que estoy despierta.
Estoy en un sueño lúcido,
a color y no a blanco y negro.

He soñado que soy eterno
y mi cuerpo es un tronco,
enormes raíces tengo.
He soñado me abrazas
y sin palabras expresas,
la felicidad de tu alma.
He soñado que tú estás a mi lado.

He soñado que no hay tiempo.
He soñado que soy eterno.
He soñado y sueño que,
que estoy viviendo.
He soñado que no estoy muerto.
He soñado que estoy en un sueño.
He soñado todo mientras duermo.
He soñado contigo amor, de nuevo.

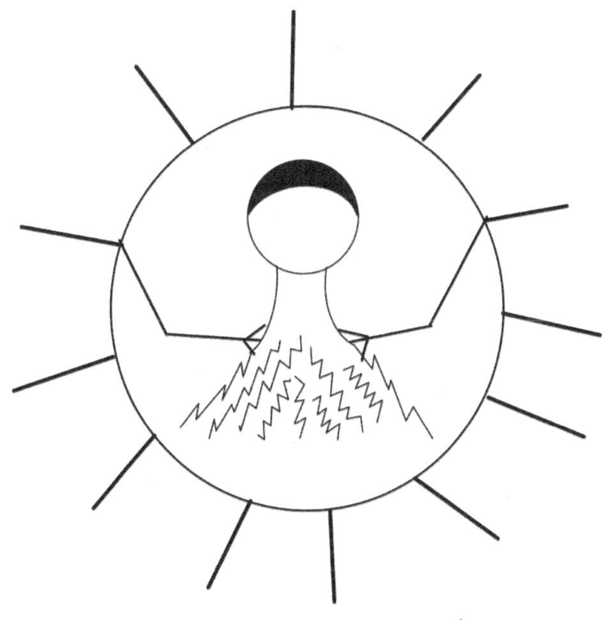

XXIX. ¿Qué eres tú?

10 de febrero de 2022

¿Qué eres tú?
Sé que eres diferente,
pues del otro lado,
me has mirado.

¿Qué eres tú?
Siempre me pregunto
y, aunque sé cuál es la respuesta,
tengo miedo,
pues, aunque te he encontrado,
no logro estar a tu lado.

¿Qué eres tú?
El polo opuesto a mí,
tú varón, yo hembra.

Tantas vidas,
tanta ciencia,
tantas voces,
en mi cabeza.

¿Qué eres tú?
Sé cuál es la respuesta,
mas tengo miedo,
dejar la verdad expuesta.

XXX. El grillo canta

Tengo acumulados sentimientos,
mi cuerpo cansado de perseguirte,
cuando tú con un solo guiño,
podrías a mi reunirte.

Es verdad, en este reino vivo.
Mi corazón canta: «no es tu sitio».

Mi naturaleza es ascender,
la de él lo divino.
Mientras asciendo para estar contigo,
tú tendrías que sacudir tus alas
y hasta haberlas perdido,
y así poder estar reunidos.

Azul.
Esencia divina.
Cuerpo de deseo.
Corazón en llamas.
Lágrimas de olvido.

¿Qué es este estado que me enloquece
y a la vez me hace estar vivo?
Mi cabeza estalla y renace al amor,
después del dolor vivido.

El amor todo lo abarca.
Que diminuto es el mundo,
pensé olvidaría la historia
mas cierto es veo y oigo.
Escucho el aire que exhalas en cada respiro,
el zíper cerrando tu abrigo,
unos guantes deslizando sobre la piel de tus manos,
tu voz al celular preguntando como ha ido a tu hermano,
un suspiro cuando sabes que todo está bien,
tu silencio agradeciendo a Él,
una pausa, tu corazón batiendo.
El alma diciendo: todo está bien.
Solo quise compartirte como es.
«Cuando el grillo canta a veces parece un delirio,
cuando el grillo canta otras parece un martirio».
Cuando el grillo canta.

XXXI. Brújula

15 de febrero de 2022

Como una brújula,
otros quieren elegir por mí,
decirme donde mirar
y a dónde ir,
a quién amar,
a quién sonreír;
mi propia sangre se burla,
cuando externe mi amor por ti.

Que divina gracia,
en mi ser debe existir,
para merecer una mirada
y del amor el elixir.

Que ilusa muchacha,
que pretende ser,
la bien amada,
de ti, un príncipe.

XXXII. Y

23 de febrero de 2022

Y con muchas estrellas seduces,
con dulces palabras engañas,
quitas la posibilidad de acuerdos
y voy a perder hasta el alma.

Es la historia que repites en tierras latinas
y ahora en tierras lejanas,
has disfrazado el azufre,
te has llenado el bolsillo,
juegas a ser víctima,
aunque siempre ganas.

No hay peor ciego que, aunque
espectador es, no ve.
Y se repite la historia,
a todos defraudas.
Siempre el conflicto inicias
y como dice el dicho
«tiras la piedra y escondes la mano»
y todos pierden la calma.

Desde mi banquillo
sufro el engaño,
ser espectador vivo y mudo,
de un grave conflicto,
mi pecho desnudo grita:
«estoy vivo».
Mis ojos se engrandecen,
miro, rezo y oro:
«¡por favor, Dios,
déjame seguir vivo!»

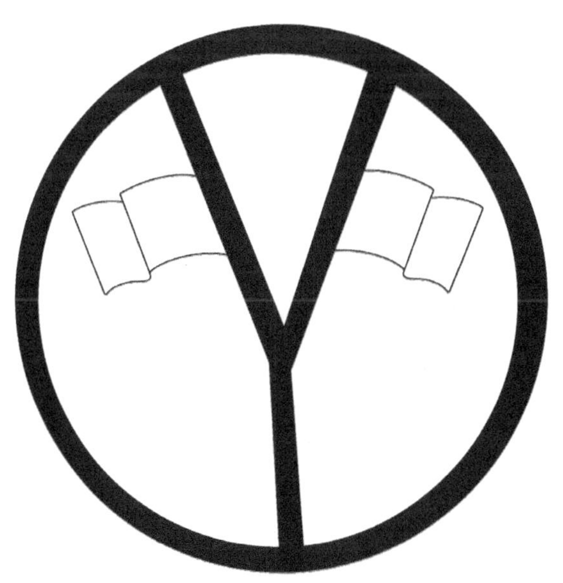

XXXIII. Cuando me haya ido

No sé cuántas personas conozco,
no sé cuántas personas me recuerdan,
solo sé que siempre he hecho
por mí y por ellos, lo mejor que puedo.

Algunos son mis amigos,
otros compañeros de escuela,
otros amores inconclusos,
algunos otros enemigos y o verdugos;
de esos ya ni me acuerdo.

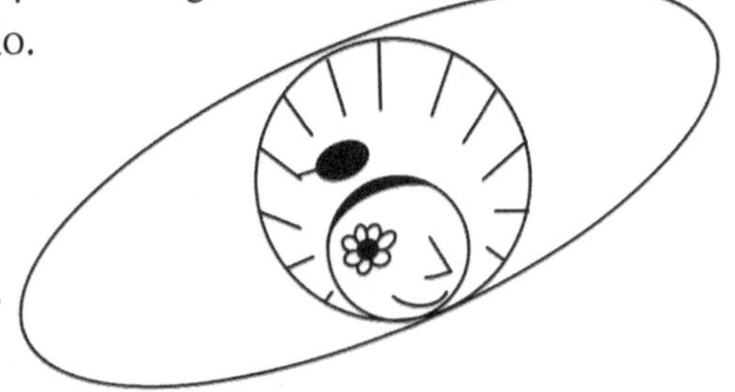

Recuerdo a mi familia,
recuerdo a todos ellos,
a mi padre, a mi madre,
a mi gran maestro.

¿Qué quedará de mí cuando me haya ido?
Solo un recuerdo;
así que vivo mi vida tratando de disfrutar hasta el más ínfimo
momento,
y al formar parte de tu vida quiero llenar tu corazón con bellos
sucesos,
construir tu presente y hacerlo eterno.
Así tú y yo viajaremos en el universo, no lo digo yo, lo dijiste tú,
en mis sueños.

XXXIV. Soy antigua

Marzo de 2022

Porque soy antigua
y a ti te encanta,
porque te hago poemas
y te escribo cartas.

Tu sonrisa es el tema,
que me despierta en las mañanas.
Tu aroma has dejado en mi cama
y llevo tu esencia en la entraña.

Aunque a veces te alejas,
sé que me amas,
y no hay tiempo o distancia,
que aniquile un alma.

Mi alma será tuya
mientras canten las aves en mi ventana,
mientras fluya mi sangre
y tenga memoria la flama.

Y mi fuego encendido,
que por ti vela,
nos mantenga reunidos
en el mar, en la tierra.

Que importa si soy antigua o si soy nueva,
es igual, mi vida por ti se renueva.
Porque mi carne es antigua,
pero mi alma es nueva.

XXXV. Dijo ser fa

9 de marzo de 2022

Me regalo su tiempo
y solo por eso
lo amé tanto como ama una loca,
a alguien sin conocerlo.

Dijo ser tú.
Handan con «N»
y a mí se me revolvió la panza,
conoces de la ortografía mi obsesión.

Espero no estés celoso,
pues es un poco raro,
conocer a otro obseso,
amo a tú… y él ama serlo.

XXXVI. Semblante perfecto

9 de marzo de 2022

Tú:
Como un buen actor,
luzco el mejor semblante,
el mejor aspecto,
una sonrisa brillante.

Pero también has visto,
la lágrima asomando mi párpado,
un gesto suave para un niño en apuros,
otro duro para un señor rudo.

Por mi experiencia,
en la marcha me adelanto,
la mejor decisión,
protege siempre a un hermano.

Azul:
Como seña particular,
de mi tienes mi voz, mi canto,
perfectamente sabes que lloro,
que camino descalzo.

Que feliz soy al saber de ti,
pero también sabes que feliz soy,
al darme de tu corazón la llave.

Y si parezco una fantoche,
haciendo gala del amor,
acepto el reproche,
porque tú eres mío, mi amor.

XXXVII. Al despertar

11 de marzo de 2022

¡Me despierto!
He dormido tanto,
que la luz del sol me ciega,
se ha ido el llanto.

Tersa dulce y suave,
es la nueva vida,
que lo primero que pienso,
es tenerte a mi lado.

Te busco en mi lecho,
en las nubes del cielo.
¡Tanto te he esperado!
Mas ahora comprendo,
aquí siempre has estado,
un ser hermoso,
ante miles de ciegos,
puede ser ocultado.

Te busqué en este mundo
y te encontré del otro lado.
Del otro lado despierto,
en este, los ojos abriendo,
supe que eras mi amado.

Ahora comprendo,
la palabra milagro,
pues lo veo en cada momento,
de mi andar diario.

Los pájaros en mi ventana,
coro celestial trinando,
una tibia cama,
mi perra roncando.

Una corriente de aire,
mi espalda surcando,
la luz del sol,
por la rendija asomando.

El cuerpo me abraza,
de nuevo la piel se me eriza.
Ahora sé que estás aquí,
aunque antes no te haya mirado.
Sé que estás aquí
y me hace feliz
saber que eres tú,
mi amado.

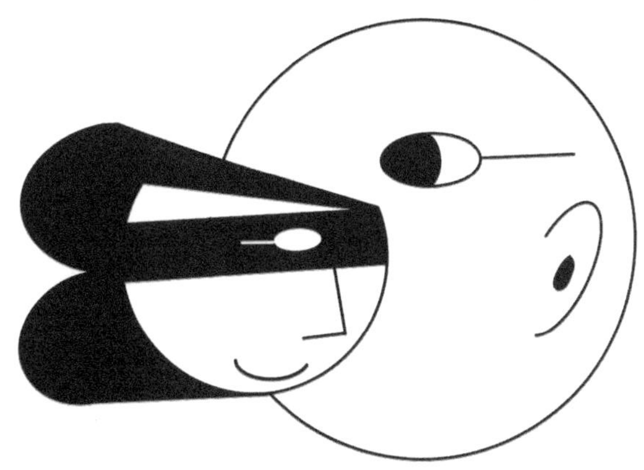

XXXVIII. Un sueño

Camine y camine preguntando por ti,
siempre te llamaba,
mas de ti no recibía noticia,
ya cansada regresaba a casa.

Una tarde, cuando la hora
el crepúsculo anunciaba,
vencida por los quehaceres y labores,
una siesta tomaba.

Súbitamente abandoné el sueño,
cuando mi casa visitaron ellos,
unos hombres no grandes, no pequeños
hablaron en tono sereno:

—Mujer, deja atrás tus pesares,
pues *él* siempre está aquí,
aunque mucho le extrañes.

Apenas si pude verles el rostro,
uno jovial, el otro muy serio,
había otro que de solo mirarlo,
mi corazón galopó como un potro,
de emoción, no de miedo;

con barba y bigotes todos ellos,
de túnica blanca vestidos,
el intenso brillo no dejaba verlos.

Tenía tantas preguntas,
que por más esfuerzos que hacía,
no conectaba la lengua con el cerebro,
y así sin articular palabra,
de pronto ellos me respondieron.

Quise saber de ti,
de lo que me espera,
de esta tierra alocada,
que parece no haber futuro ni nada.

Me han dicho que tú estás bien.
Trabajé duro en mi ser y hacer,
estudia matemáticas e inglés,
un poco de artes marciales
me vendría bien.
Tal vez tres décadas me tome.
Vivir el presente.
No te obsesiones por el futuro,
ya todo irá bien.

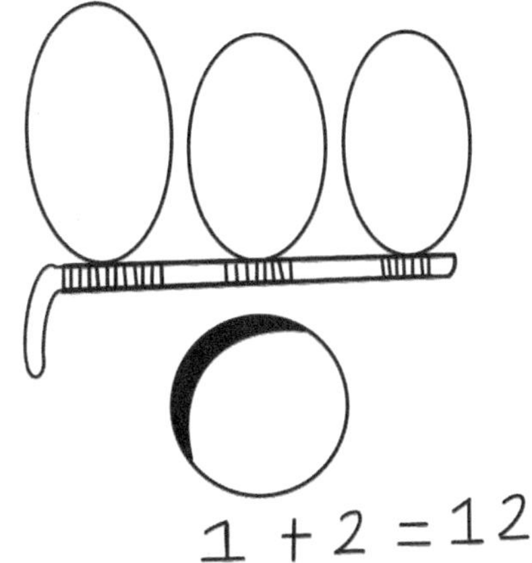

XXXIX. Compartir

11 de marzo de 2022

Todo este tiempo,
te he querido decir,
de las buenas noticias,
que he de vivir,
eternamente feliz.
Menos aprisa,
con una sonrisa
y te lo quiero compartir,
tú mostraste el camino a seguir
y en esta vida existir;
mas quiero darte,
un camino dorado
y la fórmula de no morir.
Seguir a mi lado,
juntos vivir,
mismo propósito anhelado
y llegar al fin
hacia ÉL, hacia el Amado.

XL. Tengo

15 de marzo de 2022

Tengo tu amor en mi corazón,
quiero de él impregnar mi cuerpo.
Por este medio expreso mis versos,
donde el eco de mi voz será eterno.

Sé que es amor porque de ti tengo,
la más grande exaltación,
la ilusión de tus besos;
y si la expresión del amor,
son bellos poemas y o sonetos,
quiero dártelos arrancándolos de mi pecho.
Porque el amor real ahuyenta,
cualquier duda o sufrimiento,
y tú me alejaste de ellos.

C. «Conmigo vives»

LXI. Noticias

23 de marzo de 2022

Él me trajo noticias,
con su voz varonil y fuerte,
me dio las albricias: vivirás eternamente,
en inmortal presente.

Cansada de este mundo,
pensé me engañaba maliciosamente,
y como Thel me lamenté,
lloré anticipadamente.

¿Para qué quiero la eternidad,
si no la vivo con usted?

Vislumbre mi soledad,
y en un arranque de ira,
pensé sería capaz,
de contrariar su voluntad.

Quise huir del jardín,
mas entendí,
mejor sería ir por ti
y vivir ambos eternamente.

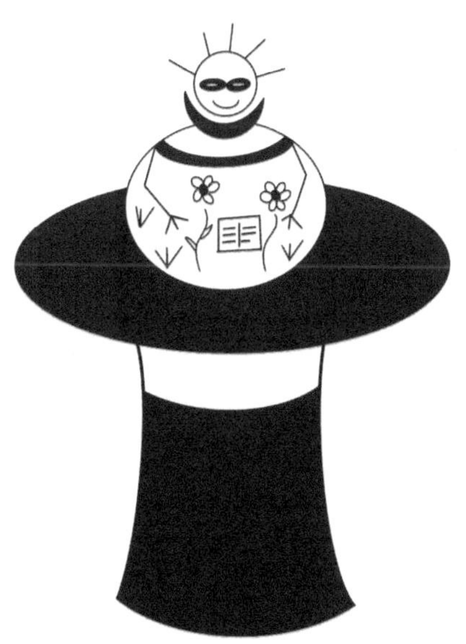

XLII. Estás conmigo

24 de marzo de 2022

¡Que se agiten los mares!
¡Que el universo explote!
Qué más da si estás conmigo.

Le arrebato tu cuerpo a Marte,
a los falsos dioses.
¡Tú ahora conmigo vives!

En la jovialidad existes,
en la corriente de los ríos,
el poema no es triste.

Puedo gritar tu nombre.
Estás aquí conmigo.
¡Conmigo vives!

XLIII. Beloved

24 de marzo de 2022

Mi cabeza revuelta,
el corazón en llamas,
he hecho miles de rabietas,
porque tú no me hablas.

A la antigua te escribo cartas,
mas no sé a qué dirección enviarlas.

Tú como intuyendo mi locura,
has borrado de mí la huella.
Mas quién del libro borra
canción, amor o estrella.

En la sangre llevo mi historia
y allí permanece callada.
Tú la ves y la sabes,
cada que escudriñas mi mirada;
y, aunque finjas no desearme,
vendrás buscándome,
porque soy de ti,
tu amada.

XLIV. Príncipe

25 de marzo de 2022

Todas las noches elevaba mis oraciones al cielo
y siempre imploraba
encontrar quien hiciera eco,
a este corazón de enamorada.

Pasaron primaveras, otoños,
mi carne trémula se marchitaba,
uno tras otro invierno;
la edad a los huesos afectaba.

Un día habiendo perdido toda esperanza,
apareciste tú y luego ellos.
¿Qué secretos esconde una mirada?,
que me enamoré de tus ojos bellos.

No hace falta decir más nada,
cuando las almas se encuentran.
Aunque mi cuerpo flaqueaba,
supe que lo nuestro sería eterno.

Sé que repito como un loro,
lo que parece como un cuento;
mas te digo sin decoro:
eres tú el príncipe de mi cuento.

XLV. Conmigo vives

29 de marzo de 2022

No es suficiente el talento,
se necesita la suerte
y arrojados esfuerzos,
para escapar de la muerte.

¿Piensas que el triunfo te dará gozo?

¿Qué sublime manto cubre tu figura?
¿Qué razón insulsa tu cerebro cierne?
Cuando matemáticamente calculas,
quien tu cuerpo gobierne.

Carcajadas se escuchan del inframundo,
y tú solo esperas del cielo baje,
el ángel con flamígera espada,
grácil y velozmente a salvarte.

Ninfa extraviada en el limbo,
te pido no recobres cordura,
pues para que haya fe,
se requiere una pizca de locura.

Entérate que hay que esforzarse,
y de tanto intente, intente e intente
cubrir tu cuerpo con blanco plumaje,
verás tu propia imagen reflejarse;
cual Dios que se ve en un espejo,
un ángel dormido despertarse.

Emprenderás el vuelo,
como fénix renacido,
como halcón de ojos nuevos,
hacia el mundo real donde,
¡conmigo vives!

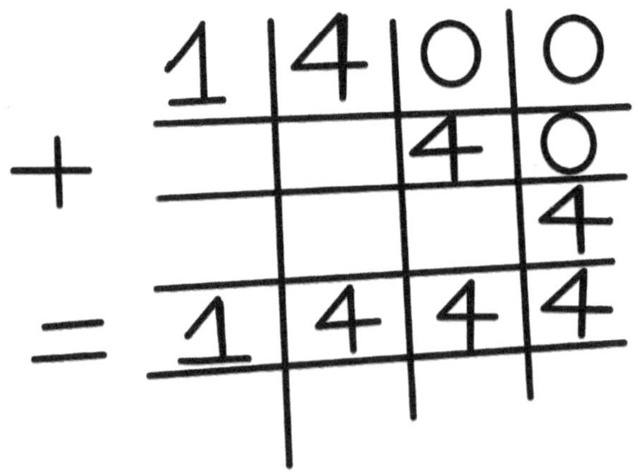

XLVI. ¿De qué murieron los muertos?

4 de abril de 2022

En tiempos antiguos,
cuerpo a cuerpo se luchaba,
infantería, caballería,
guerreros con escudo y espada.

Ahora.

Gente que no respeta
la vida humana.
Que nefasta o funesta tomar la carne,
donde pudo habitar el alma.

Miro a destiempos,
uno y otro cuerpos,
entre escombros de bombas.
¿De qué murieron los muertos?

Una bicicleta con un muerto,
sin quemaduras el cuerpo,
en medio tanques quemados.
Señor, ¿de qué murió el muerto?

Miro con los ojos abiertos,
con horror a los muertos,
pues mi corazón se apena,
aquí no se respeta al que piensa.

No es que de profesión sea médico
o amortaje a los muertos;
mas la descomposición exclama,
hace mucho han muerto.

¿A dónde va el mundo
con terribles patrañas?
Abre tú también los ojos,
así nadie te engaña.

Pobres muertos que ni aún muertos,
quieren su cuerpo respetar.
¿De qué murieron los muertos?
¿De qué murieron los muertos de...?

XLVII. Hasta que amanezca

5 de abril de 2022

De la mano te he tomado,
de tus cabellos me sujeto.
Es el pegamento del amor,
la miel de tu cuerpo.

Un pequeño signo,
me hace estremecer,
y como si fuera de Dios designio,
amarte desde el anochecer,
hasta ver el sol aparecer de nuevo.
¡Te amo! Grita mi ser,
este sentimiento es sincero;
aunque otros digan que amar no puedo.
Que del amor solo imaginación y locura tengo
y que tú eres mi perdición,
la gran pérdida de mi tiempo.
Mas yo les contesto:

«No hay más sabio que Dios
y que el loco que la razón perdió,
cuando bebió del agua del conocimiento».

Y así recordando sus raíces,
el ser nuevo aprendiendo,
el hombre real recibió la noticia.
que él ha venido diciendo:

«Él es Él, único, dador de vida».
«La Fe mueve montañas».
«El amor cura las heridas».

Despierta dulce niña dormida.
Despierta del letárgico sueño.
Despierta Azul querida.
Soy el que da vida.
El que susurra los versos.

XLVIII. Tú eres mi presente

12 de abril de 2022

Soy esa persona,
que estaba allí guardada,
soy quién no se recordaba,
corriendo en forma desmesurada.

En realidad, de nada me enteraba,
cumpliendo metas y expectativas,
esperando mi lugar, mi tiempo;
la real meta fue quedando olvidada.

Un pequeño chispazo,
el murmullo del viento,
del otro lado un abrazo,
para seguir viviendo.

Me ha venido excelente,
saber que es real,
que el ser eres tú,
y que tú eres mi presente.

XLIX. Locura de amor

13 de abril de 2022

—¡Que llamen a un doctor!
¡Que busquen un médico!
—¿Qué? —he preguntado—.
¡Oh!, ¿de qué me he contagiado?

Acá le llaman locura
a sentir amor, ternura;
probable TOC han descartado.
Diagnóstico: exceso de extravagancia y travesura.

Pues todos saben la causa de mi locura,
y que tú eres para mí la cura.

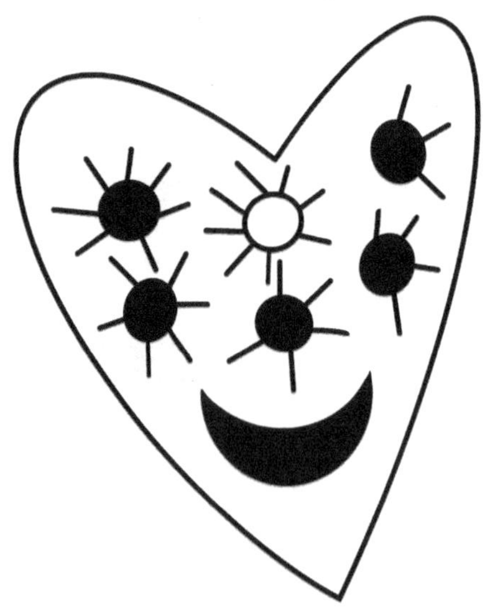

L. Quise encontrarte

Abril de 2022

Anhelo tu amor,
no creas que es fácil decirlo;
muchos menos mendigar, pedirlo.

Lo único que quiero es dar,
en nuestro encuentro, recibirlo.
Aunque otros crean es para presumirlo.

Mejor ser un fantasma que artista en exilio
o preso que camina al patíbulo.

Si de azul me visto,
ya he ido de amarillo,
de negro y blanco.
La pregunta es: ¿tú me has visto?

La costumbre se vuelve hábito,
el hábito sin propósito un fastidio.
Solo un guerrero lo sabe
y lucha hasta el martirio,
por mantener el estado,
permanecer en el amor,
no caer en el delirio;
aunque a veces se corra peligro.

Obnubilado el ser humano,
nunca ve la torre,
solo ve el castillo.
Busca la carne
y no en esencia el lirio.
Solo quise encontrarte,
pero intuyo que
te he perdido.

LI. El grillo

El poema no es triste,
solo es el grillo cantando.
Tú, caminando en la vida,
otros tantos soñando.

El grillo en mi oído
lo he dicho, ¡cantando!
No es que yo haya elegido.
Él va mi vida alegrando.

Me empuja, me orilla,
siempre a irte buscando,
escribirte las notas,
que él va dando.

Ojalá supiese
por qué él lo hace;
mas te lo digo así de simple,
solo lo estoy aceptando.

Pues él es quién escoge,
a quien despierta cuando canta,
o quien deja seguir soñando.

LII. Amor sin contrato

19 de abril de 2022

Ha sido muy atrevido,
cómo te he soñado,
del verso a la acción,
por primera vez hemos pasado.

Como mostrar con palabras,
que el amor se nos ha otorgado,
o con números las veces que nos rehusamos,
pues el contrato no se ha firmado.

Si antes mostré mi rostro,
hoy quiero ocultarlo.
Mis mejillas se sonrojan
al solo recordarlo;
y, aunque sé ha sido un sueño,
lo confieso… ¡Dios, no quiero olvidarlo!
Si pensarlo ya es pecado,
estoy perdida, pues lo he soñado.

LIII. Poeta

Cuando me haya ido,
mis huesos abandonarán la tierra
y mi alma irá donde habitan los poetas,
aquellos que han llegado a la meta.

Mis cabellos, mis ojos,
mis bultos y las curvas de mi cuerpo serán olvidados;
porque nada recuerdan los muertos.

Mas el amor que me ha despertado,
encenderá la flama,
de los que lo mismo han aspirado.

Dejaré como señales mis letras,
tu camino será iluminado,
y si te esfuerzas,
tú también serás poeta.

LIV. El regalo

3 de mayo de 2022

No voy a darte nada,
que tú no pidas,
y aunque lo merezcas o no,
seré un regalo en tu vida.

¿Quién merece el amor
que él nos ha dado?
Y sin duda él,
nos lo ha entregado.

Falta externar o decir,
que, aunque es un regalo,
hay que tomar el camino,
para así poder disfrutarlo.

Azul 44 – Yuliet.

LV. Sé que estás allí

4 de mayo de 2022

Sé que estás allí…
Puedo sentirte, olerte,
aunque en este mundo,
no me es permitido verte.

Amarte me prohíben,
como si un corazón pudiese ser sujetado
y el cuerpo contener la pasión
del alma al amado.

Ser libre fue mi ilusión,
surcar el cielo, volar a tu lado;
mas cada que creo subir un escalón,
desciendo uno y mil peldaños.

Buscando abrir las puertas,
he descubierto el engaño,
observo no hay muros,
ni puertas por tanto.

Ahora…

Estamos unidos
corazón y mente,
cuerpo y alma.
¡Qué más da lo que diga la gente!

LVI. Eres mía

4 de mayo de 2022

—Eres MÍA...
Contesté: te pertenezco...

Estoy harta de que me digan
a donde mover mi cuerpo.
Del falso amor soy esclava,
pues amo mi sufrimiento.

Quiero vivir, ser ruiseñor,
volar sin dar explicación;
pues nada saben del amor,
nada saben los muertos .

LVII. Mi león

6 de mayo de 2022

El león avanzó lentamente,
con su crin dorado,
beso mi frente
y me llevó a su lado.

Aunque mi pelo no tarde,
en tornarse blanco,
juventud llevo en mi sangre
y en mis senos dorados.

Es mi herencia o mi estirpe,
es mi suerte estar a su lado.
No hay más noches tristes,
Azul con su león se ha marchado.

LVIII. Los zapatos

9 de mayo de 2022

Soporto el peso de tu cuerpo,
ya otros me han llevado en sus pies,
quisiera hacerte ligera la carga,
placentera la marcha, obnubilar el estrés.

Veré pasar tu infancia,
dichosa juventud, voluptuosa madurez.
Te acompañaré en tus múltiples triunfos
y cuando alguna derrota nos alcance,
correremos por el prado juntos,
hasta olvidarnos de lo que acontece.

El dolor de tus muslos reemplazará
el sabor amargo de ese segundo lugar,
que tú has considerado un fracaso
y descomunalmente te ha hecho enfadar.

Tu corazón palpitando y el estómago vacío
suplicando lo alimentes, mas tú te negarás,
buscarás a tu amante y en un torrente de pasión,
finalmente, tu alma podrás sosegar.

Porque así es tu espíritu, marcial y jovial…

En la vida te he de acompañar siempre.
Veré surgir las canas que enmarcaran tus sienes,
cual se miran los enamorados en noches de placer
y convencidos de que es amor entregan su simiente.

Me aseguraré de que vivas hasta el máximo goce.
El camino te señalaré, mas no olvides que lo mostré.

Un día sin más, tú me abandonarás,
a otro me heredarás, pues la decisión es tuya y la acataré.

De nuevo para mí la vida comienza,
pues me marcho a otros pies.

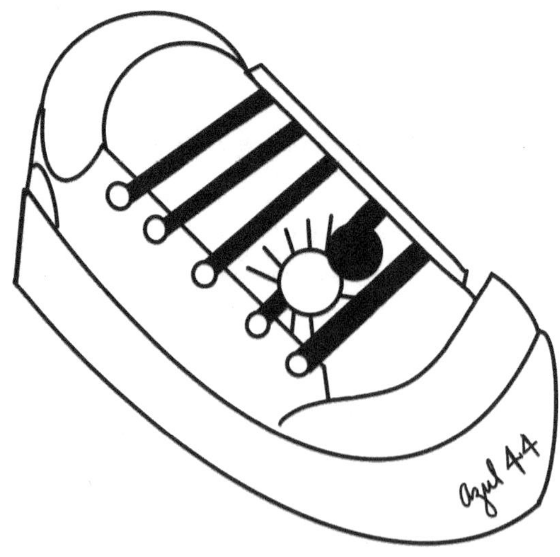

LIX. En cada estrofa

10 de mayo de 2022

Mi corazón permanece en llamas.
Su sangre se ha vertido en mi copa,
esta verdad que todo lo quema,
da claridad a mi mano, a mi boca.

Plumas violentas descienden del cielo,
en cifrados versos y estrofas,
la duda abandona mi cerebro
y la razón ya no más me agobia.

Él me dio un grandioso regalo,
de túnica blanca vistió mi cuerpo,
aunque me negaba a aceptarlo,
pues no creí jamás poder merecerlo.

Quiero correr a tus brazos,
besar tus mejillas,
susurrar en tu oído,
ya que gritar no puedo.

Decirte que mi alma goza,
que no soy caprichosa
y tampoco estoy loca,
que Él está en cada estrofa.

LX. Hasta luego (Lupita y Came)

2022

He llorado por una madre adoptiva,
que por un año me ha cuidado,
por una mujer que como hermana
mayor me dio su cariño.

Mis lágrimas secas se perderán,
igual que los arrojados suspiros,
pero sus rostros en mi corazón
jamás serán olvido.

Llanto de amigos y parientes,
murmullos, sollozos de la gente,
gemidos tímidos escucho,
mientras los cuerpos preparan
para ir al crematorio.

¿Qué camino recorrerán
estas dos almas amigas?
Solo hay un camino Él dijo:
—¡Venid que yo os conduzco, venid conmigo!

D. «128 días para el amor»

LXI. Escondida

4 de mayo de 2022

Solía dejarte un mensaje de voz,
por miedo a publicarlo
y recibir las burlas,
de tus partidarios.

Tendré que esconderme nuevamente
en las hojas de mi diario,
y aunque estás en mi mente,
tendrás que esperar amor,
a que sea valiente.

LXII. La verdad quema

5 de mayo de 2022

Hay una verdad
que me está quemando,
he llevado muchas palabras,
en mi pecho guardando.

Me dicen:
—¿A estas alturas?
—¿A esta edad?
—¡Ya madura!

No está permitido la ensoñación,
alocarse o perder la cordura,
enamorarse, cambiar de profesión…
Conozco la respuesta, la causa de mi locura,
el origen y mi real pasión.
Quiero ser poeta, más de lo que ahora soy.

Lo escribo pues no me atrevo
a decir la verdad en voz alta,
a confesarlo y a gritarlo
y esto me está quemando el corazón.

LXIII. Escenario

Me esfuerzo por decírtelo,
explicarlo todo a detalle,
melosamente, despacio…
Te has atrevido a besarme.

Bien brava me he puesto,
pensé querías callarme,
mas dijiste solo te bastó,
día a día mirarme.

Soy como una niña traviesa,
que cada vez que tropieza,
está presta a la queja;
pero también soy la que se maravilla,
de verte amor cada día
y se asombra de tu paciencia,
tus esfuerzos y valentía.
Con tus actos das ejemplo
y claridad a mi vida.

Un poco fuera de época,
toda mi palabrería;
mas mi corazón está al día,
brinca como una fiera,
que defiende a sus crías
y por amor entrega la vida.

¡No, no planeé me enamoraría!
Ni nada de esto pasaría.
¡Qué sé yo de mal de amores!
¿Qué sé yo de agonías?

Mi corazón te anhela
y el deseo me abrasa,
cuando pienso en tu piel canela.
Mas mi alma se disfraza
y al escenario se lanza.
De nuevo porto una máscara,
juego el papel del día,
en mi corazón te guardo,
mi dulce amor,
todas mis alegrías.

Llegada la noche,
bajo la luz de la luna
y cobijado por las estrellas,
verás el brillo de mis ojos.
No hay máscaras,
ni maquillajes.
De ti y de mí,
solo el alma queda.

LXIV. Pregúntale a Pitágoras

17 de mayo de 2022

Haciendo preguntas a Pitágoras,
te encontré un día.
¿Cuál es la solución a mi problema?
Tú le insistías.
¿Qué acaso no sabes?
También se llora de alegría.

Con el cuerpo pretendes,
encender la flama,
tu energía consumes
y aunque la pasión reciba,
tendrás que alimentar el alma;
pues esta mujer aspira,
a algo más que corona o cama.

Mis pies descalzos
en la arena bailan,
mi cuerpo se contorsiona
al ritmo que el sol tuesta mi espalda.

La música de Al Jassmi
me hace ir del llanto a la alegría,
recordándome el tiempo,
que mi corazón te buscaría.

Fui un clavel, fui un geranio,
fui un girasol, soy una rosa.
Fui un rubí, fui zafiro,
fui esmeralda, soy la perla
que habita tu casa
y en tu corazón reposa.

Pregúntale a Pitágoras,
si las perlas son lágrimas.
Pregúntale a Pitágoras.
¿De qué color son las almas?

LXV. Asombro

19 de mayo de 2022

Mi amor causa asombro,
pero más se asombró mi corazón,
de lo que en mi surgió.

En sí mismo amarte es una maravilla,
me hace olvidar el abismo
que el miedo y el apego en mi causó;
mas el deseo es terrible
y aún mi cuerpo no abandona,
surge de nuevo el desequilibrio
y la paradoja que provocó,
el solo mirar tu rostro,
que en mi sueño apareció.

LXVI. No hay pecado

Me dejaré llevar por tus besos,
me meceré en tus brazos,
y en el cálido aliento de tus gemidos,
seguiré tus pasos.

Mudo el mundo
de tu existencia amor,
no solo seré un retrato,
que en tu pared colgó.

Nuestro amor sellado
bajo siete candados,
una vez unidos,
las llaves habré encontrado.

En verdad te digo,
que amantes hemos sido,
por siglos te he amado,
y que en el amor no hay pecado.

LXVII. Gimnasia

23 de mayo de 2022

Cuando leo tu poesía,
es como hacer gimnasia,
me estira el pensamiento
y se me ensancha el alma.

LXVIII. Sueños

23 de mayo de 2022

Mientras tu cosechas lo que has sembrado,
obediente mis sueños te entrego,
la semilla ha germinado, el huerto ha florecido.

Mi cuerpo pide a gritos, la tibieza de tu nido
y en pasajeros momentos, cree estar contigo.

Mas solo fue un sueño lo que juntos vivimos,
porque bien lo sabes la vida es sueño
y así siempre ha sido.

LXIX. Ahora

23 de mayo de 2022

Tus ojos no lo niegan,
ni tus labios callan,
que mi alma perpetua
contigo siempre está.

Mas secreta es la letra
y el amor así será,
cual puridad de alcoba,
tras puerta cierras,
mi cuerpo tomas,
dejando el mundo atrás.
Tu alma y mi alma
ahora unidas están.

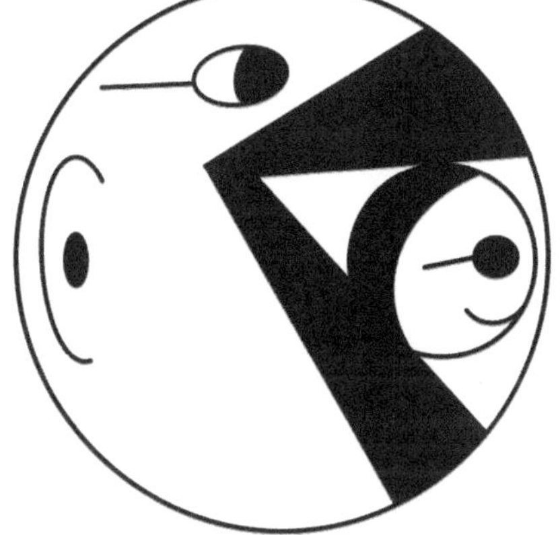

¡Ahora, ahora, ahora!,
gritó Platón, Pitágoras,
como develando un secreto
vociferando dijeron: «*no* mires atrás».

¡Tú ahora en mi corazón estás!

LXX. Hechos de amor

26 de mayo de 2022

Porque son de amores
todos los poemas
y de amor está hecho el hombre
que salió de la caverna.

Porque no hay sombra
en tu nombre
y solo hay dicha
en la vena.

Porque de todos los poetas,
me fundo a ti como al sol
y no hay sombras,
ni confusión, ni niebla.

Eres tú a quien sigo
como al sol, como leona
caminando en la arena,
abandono esta tierra.

Si confundidos piensan
que soy sombra,
diles poeta,
soy canción, poema;
que al fundirme contigo,
olvidado el sueño
termina el dilema,
se ahogan las penas.

«Cuando el jarro se llenó de fe
finalmente, la sombra se fue».

LXXI. Alma negra

25 de mayo de 2022

El poeta a hora temprana
emitió su juicio,
respondiendo lo que Azul preguntaba:
—¿De qué color será mi alma?

—Alma negra, hija de Eva proscrita,
que a la mirada engaña.
Mas si con detenimiento ves su entraña,
la negrura se torna blanca.

En su camino grácil soltura,
igual de ingenua que impúdica,
escribiendo miles de versos y cartas
al hombre que construyó en sus locas andanzas.

Gritó tan fuerte la ninfa,
que despertó súbitamente a su amado,
el presto como la regla dicta,
de versos y cantinelas lleno a la ninfa.

LXXII. Mi propósito

20 de mayo de 2022

Mi propósito no es que me ames,
mi propósito no es solo que leas.

Mi propósito es que te ames
y que lo creas.

Mi propósito es que te veas,
mi propósito he sido yo,
mi propósito es que,
no hay más tú y yo.

Ahora somos uno.

LXXIII. ¿Por qué me sueltas?

20 de mayo de 2022

Es tan delgado el hilo que a ti me sujeta,
que mi alma tiembla cuando me sueltas.

—¡Te amo! —te dije,
y me contestó el eco:
—¡Te amo, te amo, te amo!

Dios sabe que mi mente creyó,
que eres tú el hombre
que mi corazón sueña.

¿Por qué me sueltas?

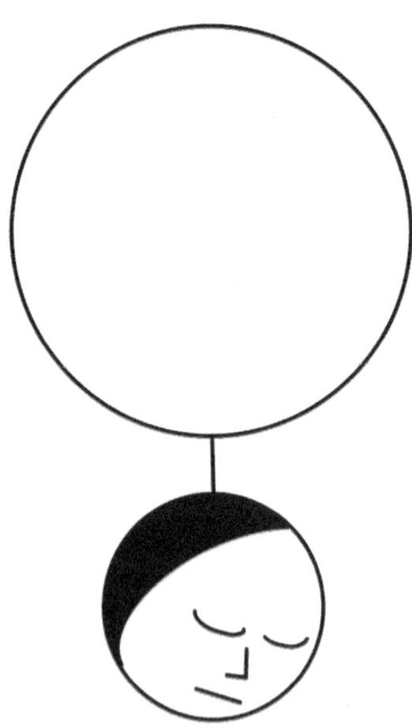

LXXIV. Tal vez sí, tal vez no

25 de mayo de 2022

No te apresures a decir te amo dijiste,
y lo hice porque eso siente mi corazón.

Algunas palabras tristes surgieron de mi boca.
Conforme pasó el tiempo el lenguaje mejoró,
aunque a veces pienso voy en reciclaje
y en un bucle me encuentro.

Repito tantas veces las acciones de mi vida como las palabras.
Tal vez todo es mi imaginación.
Tal vez sí, tal vez no.
Tal vez por momentos logro salir del sueño
y en esos momentos me encuentro contigo amor.
Tal vez si me amas, o tal vez no…
Una vez lo vi escrito en tu corazón,
solo fue un momento
y la vida ordinariamente lo borró.
Tal vez sí… Tal vez no.
Tal vez algún día logre estar contigo, amor.
Tal vez sí.
Tal vez.
Tal.
¿SÍ?

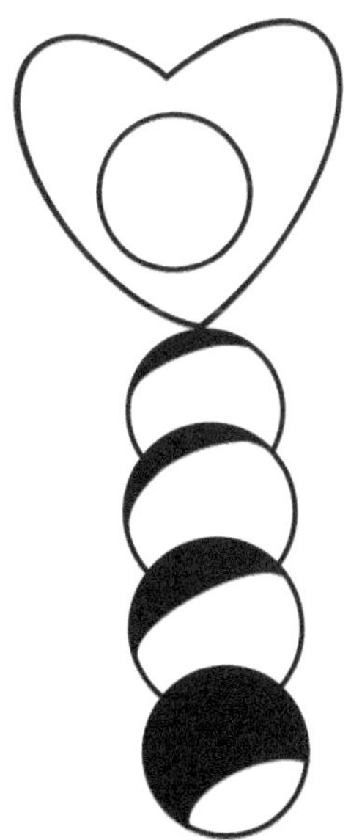

LXXV. Si pudiera robarte

29 de mayo de 2022

Si pudiera robarte,
te robaría el gesto, la entonación;
aunque mi cuerpo flaquea
y quiere robarte mil besos y el corazón.

Si pudiera robarte,
¡te robaría entero!

Sexta parte
«Te invito un café»

I. Cobíjame

1º de junio de 2022

Cobíjame con tus ganas
de amar y de vivir.

Cobíjame con tu cuerpo,
que, si he de morir,
que sea de amor
y no de frío.

Cobíjame con tu valor,
nademos en único río,
pétalos de una misma flor
y no trazos de olvido.

Cobíjame amor,
con tu cuerpo, con tus labios,
tengo hambre de amor,
cansada estoy de hastío.

Cobíjame amor,
funde tu cuerpo al mío
y cuando el mar nos separe,
cúbreme con tus versos, amor mío.

II. Mora conmigo

2° de junio de 2022

—Ven, mora conmigo;
hagamos de nuestro nido,
el paraíso perdido.

—Apenas soy un polluelo,
sola no puedo alzar el vuelo,
¡ser ave de corral no quiero!

—*¡No huyas de tu destino!*
¿Que acaso se puede separar tierra y cielo?
Igual Marte que Venus.
Luna y sol,

—¡Sin ti, volar no quiero!

III. Te dedico mis versos

2 de junio de 2022

Te dedico mis versos.
Sí, esos que te escribo diario;
presurosos vestidos,
que mi cuerpo arropan.

Mas si tú los desdeñas
y juzgas sin mirarlos,
ha sido tu entendimiento
y no mis vocablos.

En encarnizada lucha me encuentro
y te he pedido la mano,
mas por tu ser consagrado,
mis amores hay que ocultarlos.

Si de favor te pido,
te detengas un poco
para estudiarlos y llegues a amarlos,
lo mismo pido a Dios diario.

Más vale ir con los ojos abiertos,
aunque el paso sea lento,
a vivir aprisa corriendo
en ilusorio letargo.

Si tu deseo es guardarlos,
guárdalos en tu corazón,
que yo ya mal hago
en saturar tu buzón.

IV. Alzo el vuelo

31 de mayo de 2022

Tocar fondo,
morirse entero
es necesario,
para vivir de nuevo.

Desempolvado el cuerpo,
abiertos los sentidos,
poder mirar el cielo
y ver que podemos,
con esfuerzo,
alzar el vuelo.

Dejar atrás el miedo,
en este mundo pasajero,
donde mi cuerpo
se llenó de anhelo,
implorando empatía
compasión, respeto,
dignidad, amor
y no recelo.

En este mundo que de mí
hoy pierde el rastro,
porqué hoy,
¡alzo el vuelo!

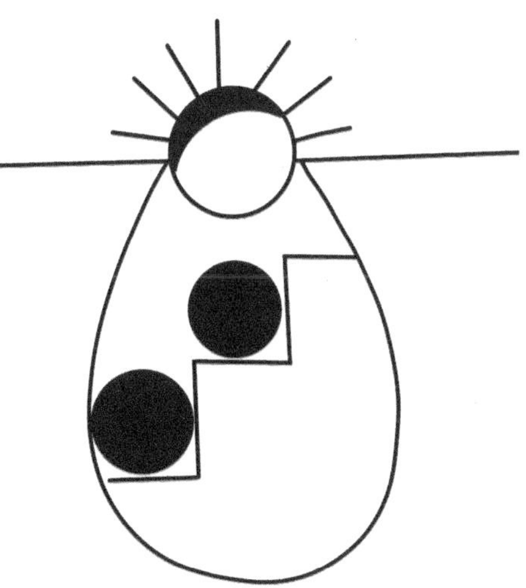

V. Piedra en el zapato

10 de junio de 2022

Quitándome las piedras de los zapatos,
tan poco.
Quiero ser una,
que se está trasformando.

Mejor miro al cielo,
que es donde te estoy encontrando,
ya en su debido momento,
nuevos zapatos iré calzando.

Perdone me atreva a tanto,
pero usted me pregunta
con toda paciencia, ¿cuándo?
Esta noche se lo diré…
Aunque prefiero hablar de amor,
pues sepa usted que aquí,
por el arco del triunfo
los derechos humanos se están pasando.
Así que no ponga el dedo en la llaga,
mejor abrase mi cuerpo
que pronto romperá en llanto,

pues el anhelo me está quemando
y ya no resistiré tanto.
Por ahora me voy al trabajo,
que ya me estoy demorando,
aunque mis pensamientos sigue
usted días y noches robando.
Qué criatura tan atrevida
arrojó el cielo a la vida,
robarse miles de corazones
sí que es una buena partida.

Mientras usted se da buena divertida,
aquí yo trabajando.
No es que me esté quejando,
es que en sacar la piedra me estoy esforzando.

VI. Besar tu boca

14 de junio de 2022

Viento de emociones
veloces surcan los cielos,
atraviesan el mundo entero;
volátiles como el oxígeno
te hacen explotar al momento,
así mi amor entró en tu cuerpo,
por tu nariz, por tus ojos,
por tu piel, por tu pelo.

Pensamiento de occidente a oriente
vaga en la esfera,
queriendo entrar en tu mente,
para robarla entera.

Mas tu cuerpo exige
que sea tuya la copa,
y me vierta en ella.
Me veo a mí misma cada célula roja,
mi materia ahora líquida
como vino reposa,
anhelando el momento,
tu mano tome esta copa
y finalmente pueda
besar tu boca.

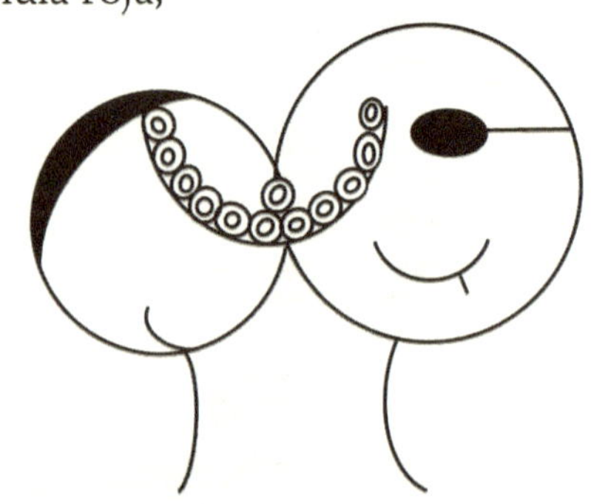

VII. Alas

14 de junio de 2022

Abandono la ilusión
de poder tenerte
y en desenfrenada pasión,
fundir cuerpo y mente.

La pluma obedece,
mientras mi alma vaga
y mira cómo se pierde
la ilusión, se vuelve nada.

La ruptura del cuerpo
es inminente,
llevo el corazón roto
y agachada la frente.

Lleva la vida
de la muerte la carga,
mas el ángel da salida,
libera tu espalda.

Tras tus esfuerzos
en pleno viaje,
te monta unas alas,
desecha equipaje.

Tenerte en mi viaje
sería lindo como esta tarde,
donde la lluvia vino a refrescarme
y tiempo tuve para recordarme.

Mas el libre albedrío fue tu regalo,
navegar dormido
o tomar el timón, sujetarlo.
Por mi parte te digo:

Aquí sigo,
a veces camino
y otras volar puedo,
cuando lo hago contigo.

VIII. Tu corazón

15 de junio de 2022

Gritaste a los cuatro vientos,
que eres el amor que añoro.
¡Mi vida, mi gran tesoro!
Mas cuando en plena lucha
batiendo hasta dormida,
me cruce en tu vida,
niegas mi voz escuchas
y buscas del amor salida.

Anunciaste tu partida,
una boda celebrarías,
y no fue la que deseaba;
firmas de amor corruptible
y no lazos de amor real,
que puede a ojos ser invisible.

Como pescador
lance el anzuelo,
sin saber que tú,
había lanzado redes.

Presa de la ilusión caigo,
de nuevo en insulsos placeres,
queriendo pescar, fui pesca,
dejándome atrapar para estar a tu lado.

Inmóvil permanezco
en las páginas de tu libro,
exhibida como un trofeo,
lo mejor que has capturado.

Mas en exhalo agónico
cuenta te has dado,
estoy presa, aun respiro;
el corazón se ha parado.

Tu intuición te salva.
¡De nuevo al mar me arrojas!
Sigo aquí, aún vivo.
Finalmente has comprendido
quien soy,
siempre marcho a tu lado:
tu corazón.

IX. Encontré un poeta

15 de junio de 2022

Mientras el poeta
canta sus frases,
enmudecida cual yerba callo
y sueño estar en sus brazos.

Camino por el arriate,
presta a encontrarme,
con el exuberante rojo
de una rosa salvaje.

Su voz me hipnotiza
cual luz de estrellas.
Sigo adentrándome en viaje,
solo para vivir como ella.

Mas no vislumbro principio ni fin,
valentía o coraje.
Sé que si me descuido pierdo
todo, hasta el andamiaje;
aquello que él prometió
verter en mi ser, en mi sangre.

Absorta en este espacio,
buscando una flor,
encontré a un poeta,
que su amor me dio.

X. La amada

17 de junio de 2022

Por años Zu,
amor me entrega,
y en acalorada lucha,
su alma vacía llena.

Amada aprende y escucha.
Antigua enseñanza clava en su corazón,
cual en el pecho una estaca.

Con hilos de oro sujeta
este cuerpo a la tierra,
mas su amado es la meta
y al final del camino la espera.

Amante ansía llegar a su amado
y fundirse como imagen de estepa.
Azul del mar y del cielo,
del mar y el desierto arena.

Porque pequeño es el límite
y muy grande el océano.
Amante fundida al amado,
al fin su corazón libera.

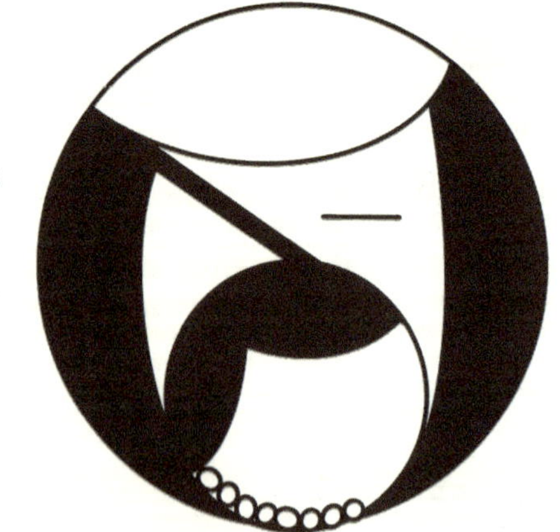

XI. Eva proscrita

18 de junio de 2022

Tengo por padres RMR, Milton y Whitman
y muchos otros,
mas tú piensas
a Satanás llevo en el rostro.

¡Hija de Adán! ¡Eva proscrita!
Que altanera muestra
sus rasgos y artimañas,
para engalanar la carne
y engatusar tu corazón,
al cual piensas engaño.

¡Así me ves tú!
Triste y turbia es tu mirada,
pues mi faz es clara
como el agua.

Te recuerdo con soltura,
que la amargura
se vierte en calma
y lo que miras es lo que guardas.

Mas como dije antes,
la negrura se torna blanca.

¡Eva proscrita!
Que abandona las llamas.
Caminando muestra
virtudes y paz en el alma.

Eva proscrita,
que aspira tener
blanca el alma.

XII. Nos usamos

19 de junio de 2022

Dices que todos nos usamos,
nunca entendí la razón;
mas ahora descubro
que usted se alimenta de mi emoción.

Aquí cada loco con su tema,
usted use su estratagema,
yo usaré mi canción.

Mejor juguemos a ser poetas,
si es que nos viene la inspiración.

XIII. Frente al espejo

Dejé mi antiguo empleo,
para trabajar sobre mí mismo,
no hay trabajo más duro que mirarse en un espejo,
darse cuenta que estás en un abismo.

Solo es el comienzo
de querer volar muy lejos,
olvidarme de tropiezos
y los malos consejos.

Veo tus pasos en el camino recorrido
y un suspiro nostálgico sale de mi pecho,
pues muy corto es el tiempo para imitarlos
y parece a veces he empezado tarde mi real destino.

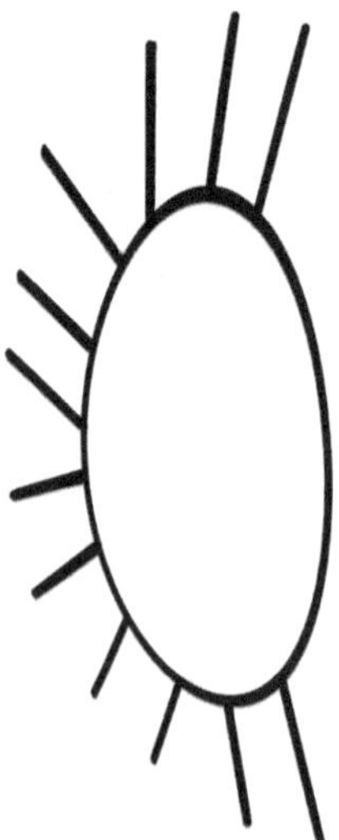

XIV. Hay amor

5 de julio de 2022

Porque mi cuerpo se había olvidado
del toque de tus manos,
de la pasión ardiente.

Los muros de un castillo construí,
para no exponerme al dolor
que puede causar la gente.

Y allí, tumbada en ese espacio,
el dolor se acrecentó,
hasta romper en pedazos mi corazón.

Creyendo ya no tenía corazón,
me aventuré y me arrojé en tus brazos,
más tarde comprendí aún existía
y en él solo ¡hay amor!

XV. La rosa está triste

5 de julio de 2022

A veces creo que Dios es malo.
¡Para qué me hizo quererte así!
Si la oportunidad existe
y ciega antes nunca la vi.

Me adoctrinaron tanto,
que solo en el miedo creí,
se marchitó mi cuerpo,
solo miré pasar la vida.

Un día viéndote sonreír
me dije: ¡por qué me perdí!

Aún me queda nostalgia,
perfume en mi cuerpo
y ansia en el alma,
de compartir tu alegría,
las promesas guardadas,
la boda anhelada.

Si pensara que eres trivial,
que con la edad la pasión se calma;
mas en mi cuerpo se ha anidado el amor
y mi corazón aún más canta.

¡La rosa está triste!
Soñando alcanzar el sol,
el dolor le ha agobiado,
pues a competir por el amor,
le han enseñado
y siente su cuerpo no es aventajado.
Toma su hatillo al hombro,
calza sus mejores zapatos,
sigue al hombre que el camino ha mostrado.
Aunque no tiene esperanza de unirse a su amado,
sabe que ahora no puede rendirse;
quizá otro milagro sea posible,
pues ya uno ha mirado.
¡La rosa está triste por el amor!
¡Por el amor de su amado!

XVI. Acompañada

5 de julio de 2022

Sé que mi voz está apagada,
porque no comprendo nada.
Buscando ser amada,
me vi de ti enamorada.

Mientras el propósito buscaba,
al hado imploraba:
¡que nada me distraiga!

Mas encontré tus dulces ojos
y caí petrificada.
Atrapada, sin certeza de nada.

Una y otra vez mis versos te escribía,
sin darme cuenta de nada.

¡Una y otra vez tu voz escuchaba!
Y así mientras te observaba,
atrapada por la loca carrera,
¡pensé el mismo diablo me hablaba!

¡Habibi! ¡En mis sueños!
¡Noche a noche a ti corría!
¡Ahora recuerdo todo!
Cuantas veces mi carne moría.

Aunque viva de ti enamorada,
tendré que seguir la luz del día,
recorrer el sendero,
de ti o sin ti acompañada.

XVII. Tardaste tanto

5 de julio de 2022

¿Por qué tardaste tanto?
Esta vez ha sido duro.
El camino se llenó de llanto,
llevando apagado el canto.

¡Cómo podía yo encontrarte!
¡Sí! ¡Es un reclamo!
¡Pues tú siempre cantaste!
¡Y no pude escucharte!

¡Todos decían que es mentira!
¡Que el amor no existía!
Mas mi mente construía,
lo que en el fondo sabía.

Allí del otro lado,
estaba el hombre cantando.
El día que finalmente le oía
como demente le escribía.

Te divertías mirando.
¡Mas tenía que ser así!
¿O qué podría haber escrito?
Para una vez lograrlo,
tener mi propio canto.

¡Amor! ¿Por qué tardaste tanto?

XVIII. Tú ya venías por mí

8 de julio de 2022

Siento que me ahogo si no te escribo un verso,
eso fue lo que te escribí.

Siempre empiezo, luego callo,
me ahogo en sollozos.
Es inútil hablar por hablar
¿De qué va a servir?

No dije nada, solo un verso leí.

—Mmm —dijiste.
Se arreglará,
un día el dolor se irá.
¡Ya no ames sufrir!

En tu presencia, mi alma se aquieta,
se cubre la grieta que me partió así.

Diario me preguntaba el propósito d e vivir
y si en el mundo habría quién respondiera:
¿de qué sirve existir?

Una empresa iniciaba, después me olvidaba,
nada terminaba o lograba.
¡Hay tantas cosas!

Me sujetaste por el cuello.
—¡Hey, no te salgas, sigue por aquí!

¡Estaba tan triste! Caminé y caminé hacia ti.
Por cada paso que daba también me enojaba,
no veía, tú vinieras por mí.

Qué equivocada estaba,
por cada paso que daba,
tú dabas cien hacia mí.
¡Tú, ya venías por mí!

Séptima parte
«Hojas sueltas»

I. En un sueño te vi

Julio de 2022

En un sueño te vi,
también vi a tu padre;
así los pájaros se encuentran,
cuando el vuelo logra alzarse.

Si miras atrás,
de nada te servirá.
En el pasado te digo,
no hay consuelo,
no encuentras abrigo.

Vi que tú me miraste,
luego quise encontrarte.
Un hombre que también ora,
el que el corazón implora.

Mientras tú te reías,
yo solo decía:
¡mi alma llora!

Ahora menos dormida
y sin mucho equipaje,
tal vez me atreva y te diga:
¡empiezo a disfrutar el viaje!

En un sueño te vi,
también vi a tu padre;
así los pájaros se encuentran,
cuando el vuelo logra alzarse.

II. El canto (canción)

Este es el canto
que armé dulcemente,
este es mi canto de amor.

Este es el canto que
armé dulcemente,
mi hermosa María,
es mi canto de amor.

Este es el canto de amor.
Este es mi canto,
mi hermosa María,
te entrego mi voz.

No caigas María,
por ti iré yo.
Te amo María.
Tú eres mi amor.

Este es el canto,
mi hermosa María,
este es el canto,
para el buscador.

No dudes María.
A ti te amo yo.
Este es el canto,
mi hermosa María,
camino contigo,
desde tu infancia,
cuando eras muy niña,
escuchas mi voz.

Este es mi canto,
mi hermosa María,
no niegues tu voz.

Este es el canto,
mi hermosa María,
te entrego mi voz.
No caigas María,
por ti iré yo.
Te amo María.
Tú eres mi amor.
Te amo María.
Te amo mi amor.

III. Imaginación

Julio de 2022

Dijo que me amaba,
que era un pájaro de amor,
mas pusieron en una jaula,
mi corazón.

Esta noche llueve,
aunque dicen no hay agua;
difícil comprender,
si no hay coherencia,
entre acción y palabra.

Un poeta canta,
a ella llega el eco de su voz;
escucha sus canciones,
diciendo cuanto le ama,
cuan preciada le es, su valor.

Relámpagos y truenos,
me dan escalofríos.
Qué difícil estar calmo,
si su amor no tengo.

Ella está atraída
por su voz,
cae de nuevo,
atrapada por la imaginación.

¿De qué me sirven mis alas
si estoy atrapada? Atraída,
eso no es amor,
es imaginación.

IV. Un villano

20 de julio de 2022

¡No sé qué pasó!
Un villano se presentó,
me quedé sola y a la deriva.
Mis ojos te buscan para encontrar salida.
Como pidiendo ayuda el pájaro canta, suplica,
pronto llegar donde está el amor.
El amor que a él pediría.
¡Ayúdame alma mía!
No quiero estar sola y a la deriva.
Aún faltan muchos días.

V. Descripción

22 de julio de 2022

Tal vez deba haberte confundido,
describiéndote lo acontecido,
los sucesos vividos, lo he hecho;
tú lo has pedido.

Sentada frente a mi balcón,
mirando la mujer dormida,
escuchando los pájaros trinar,
mi vida te describía.

Has dicho las mejores descripciones,
mas en mis pasos siguiéndote a cada segundo,
imprimí mi corazón
y con sangre grabé en él tu nombre.

De tantos esfuerzos intenté e intenté,
mi cuerpo exangüe al desierto llegó
y en mi último hálito,
primero hice un reclamo,
mas al ver mi equivocación,
te pedí perdón.

VI. El pájaro del amor

22 de julio de 2022

Siempre andaba asustada,
pues aquí es difícil la situación,
luego tú me tensabas,
quesque soy el pájaro del amor.

Pensé entonces: ¡sí me quiere!
Y mas continué la recitación.
Día a día bailaba, me ejercitaba
y brincaba de alegría mi corazón.

Más de nuevo la mente disparatada
el diablillo me susurraba al oído:
—¡Tonta, en una jaula te quiere ese señor!
Cuantas imágenes miraba,
quedaba de nuevo atraída por la ilusión.

Así muy enamorada,
mis poemas mostraba,
la gente asustada
de todo me acusaba:
—*¡Fanática, acosadora!*
¡Pobre mujer trastornada!
¿Por qué persigue a ese señor?

Lástima sentían por mi persona.
¡No entendí, si antes ni me hablaban!
¿Cuál es su mortificación?

Si te preguntas, te diré:
he sido insultada,
quinceañera ardiente,
y otras palabrotas... uf,
mejor no las escribo,
pues son muy fuertes.

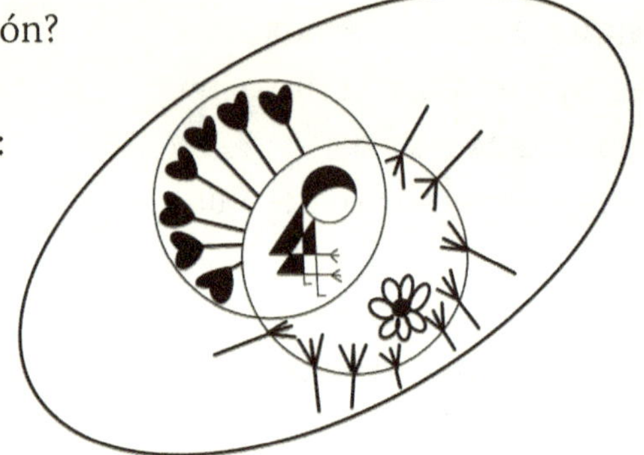

No le doy la razón a la gente asustada.
Hoy en día la vedad, ¿a quién importa?
Aunque me vi afectada múltiples veces
intentando explicarles mi comprensión.

Pues mientras mi propósito perseguía,
¿cómo aclararles lo que realmente anhelo?
Y de mi gran amor, lo que realmente quiero.
La maestra del anhelo también usted me llamó.
Es verdad, pues en esta carrera
y en mi mente que llaman ingenua,
lo que realmente anhelo
es ser requerida a muestra boda,
aunque sea invisible la invitación.

VII. Con acertijos

Julio de 2022

Te han engañado
y en tu corazón lo sabes.

Recuerda, recuerda, recuerda.

Es un regalo.

VIII. He venido

24 de julio de 2022

He venido a buscarte
desde un mundo muy lejano,
tal vez caí de Marte
u otro universo extraño.
¿A quién puede importarle?
¡Aquí estoy, llegué!

Y si le dices a la que te habla,
bienvenida seas mi bella dama,
diré: soy tú, nunca más me iré,
viviré por siempre en tu corazón,
como vivo en el de ella.
Mas me temo que el cuerpo es perseguido,
como lo ha sido siempre
y no es la excepción ahora.

Aún el ruiseñor canta en el patio de su casa,
mas le he pedido que se ausente.

En cuanto a su corazón no hay duda,
sabes bien que a ti te escogió
y ese pájaro de amor en cuanto a ti te vio,
su canto inició.

IX. Ve el amor y no la espina

Mientras los pétalos de la rosa,
uno a uno iban siendo arrancados,
miró con sorpresa como de espinas,
su tallo rápidamente se llenaba.

Lo mismo se arranca un pétalo a una rosa,
el dolor del cuerpo y del alma
cuando un miembro se amputa.

Azul miró con lágrimas en los ojos,
como de amargura la vida se llenaba,
mientras ella tenía que ser redactor
y a la vez actor de dicho drama.

La rosa está armada de espinas,
tiene valor, pero siente a la vez tristeza.
¿Cómo reconocerá el amor
y no actuará con torpeza?
Tal vez el que se acerca de ver tanta espina,
su paso detiene y se desanima.

La rosa duda si podrá ser amada
por el que se avecina.
Mas esperanza tiene,
tal vez algo de belleza aún quede
y sepa él ver el amor y no la espina.

X. Un señor travieso

26 de julio de 2022

Que travieso eres mi vida,
te vi cuando decías
mexican designs.
Te mostraste extrañamente,
aunque así no te veía.

Me importa un comino,
que tengas cuernos y cola,
mientras completo estés
y que te hayan dado un par de bo...

No es que sea como tú, ansiosa.
La verdad es que, de esas cosas,
vi descripciones en los libros,
mas ninguna gráfica me dio el destino.

Así que si te inspecciono
minuciosamente y hasta con lupa.
No es que sea indecente,
más bien investigadora;
futura docente para obtener
un título de maestra y gran señora,
que es lo que usted requiere y no digo pronto,
sino con carácter de urgente.

XI. Magisterio

Julio de 2022

¿Cómo explicarle al mundo
tu magisterio?
¡Cómo todos los actos de él son impecables!
Si para ellos el amor es un misterio.

¡Cómo una broma
puede causar risa!
Y con propósito la misma,
en mí el amor que se cristaliza.

¿Cómo no amarte?
Si solo bastó mirarte
para derribar las paredes
de mi cautiverio.

¿Cómo decir que me trasformas?
Y que por devoción
entrego mi corazón
y por fin me desapego
de este mundo en el que solo
encontré persecución y miedo.

¡Cómo no gritarle al mundo entero
que te amo!
Y si se oponen me importa un bledo.
Así que lo grito: ¡te aaaaamo!

Si se derrumba el mundo
o se incendia, no es mi problema.
Porque tengo el amor.
Lo demás, que ellos lo resuelvan.

XII. Pensé

Julio de 2022

Pensaba que cada gesto estudiabas,
el lenguaje corporal cuidabas,
la mirada, la voz mesurada,
y todo calculabas minuciosamente;
en resumen, pensé que el papel actuabas.

Y pensé muy bien lo que hacías.
Tal vez al inicio fue así,
te mides, te estudias, te observas;
luchas por seguir las reglas,
conservar la tradición
y atender de él las enseñanzas.

Mas después de un año de seguirte,
miro que no es actuación
y veo el amor espontáneo.

¿Cómo no seguirte? Si mi corazón me dice que te amo.
¿Cómo no dedicarte mi canción y mis versos?
Y sí, parezco disco rayado,
pero lo vuelvo a decir. ¡Te amo!
¡Ya dime! ¿Qué me hiciste travieso?

XIII. Cuando llegue

Julio de 2022

Cuando llegue, tú lo sabrás.
El cielo te lo dirá,
el rayo y el trueno celebrarán,
y la majestuosa ola retraída se verá.

Cuando llegue.
¡Para el vil no habrá lugar!
¿Por qué tienes miedo de que el mundo pueda incendiar?
¿Qué acaso no incendiado y envilecido ya está?
Cuando llegue, mi jardín florecerá.
¡Y tú en el libro estás!
Cuando llegue solo el amor existe.
Cuando llegue para la duda no hay lugar.
Cuando llegue verás que vale la pena
la regla acatar, velar y haber mantenido
en tu corazón, para mí un lugar.
Cuando llegue, amor tú lo sabrás.
Cuando llegue.

XIV. Hojas sueltas

Julio de 2022

Un día en cuarenta minutos,
en acto despiadado,
a la vez impecable.
Él destruyó mi ego.

En mi inocencia e ingenuidad,
en pleno desconocimiento,
me tumbe sobre mi costado izquierdo,
las lágrimas no cesaban de caer
y sobre mis mejillas correr.
Mientras escuchaba 2Cellos,
los temas apenas si los recuerdo.
Mi voz seguía quebrada,
así continuó casi un mes,
sin el por qué yo saberlo.

Quise expresar lo que estaba sintiendo
y corrí por mi cuaderno, no lo encontré.
Mientras sentía que algo destrozaba mi cuerpo,
pensé que moriría y no habría más tiempo.
¡Dios!, sollocé, ¡ya dime por favor!
¿Qué me está sucediendo?

Tome una pluma y unas hojas sueltas.
Escribí y escribí y seguí escribiendo,
mientras las lágrimas caían
en las hojas, borrando segmentos.

Continuaba tirada en mi cama
y así sin darme cuenta, escribí
esa tarde llena de angustia
y podría decir sufrimiento:

Hay amor,
la rosa está triste,
acompañada,
porque tardaste tanto,
tú ya venías por mí.

Ocho minutos para cada uno
de mis segmentos,
en cuarenta minutos se completó,
ese comentado evento.

Aún no sé exactamente que está sucediendo.
Solo escucho el grillo cantando,
tomo la pluma y aquí sigo escribiendo.

Ahora es un poco gentil conmigo,
tal vez piensa que la lección estoy aprendiendo;
mas si muestro aflicción o debilitamiento,
empieza a cantar con fuerza:

—¡Azul, Azul! ¡De nuevo levántate!
¿Por qué estás durmiendo?
¿Por qué no te preparas?
¿Qué esperas mi niña mimada?
No miras cuanto Él te ama
 y tú no lo estás oyendo.

—¡Sé uno en el cuaderno!
 No hojas sueltas de tristes angustias.
Sé libre, ¡vive! Ya basta de lamentos.
He ausentado el llanto, te regalo mi voz.

—¡Sé uno con el viento, no dudes!
Tierra firme soporta los pasos.
Y si el calor te abraza, es Él abrazándote,
ya llegará el agua que refresque
tu cara y tus dulces brazos. Corre niña traviesa,
que Él siempre te ha estado esperando.

XV. Ayuda (paradoja)

Julio de 2022

Un pensamiento de Azul.

En marcha solitaria, ya que en multitud más sola me sentía,
esa fue la realidad de una enfermedad que arrasaba con los
cuerpos,
pero aún más con las mentes de quienes la vivían;
destruyendo hogares, familias y múltiples amistades.

Vi cómo era mi responsabilidad
seguir en la lucha y no debía evadirla.

En soledad se acrecentó el ensimismamiento.
No entendía por qué todos se iban;
me armé de valor y continúe.

En mis charlas conmigo misma,
leía y estudiaba tu poesía,
y con la pluma mientras escribía,
ayuda pedía al hado, que me escuchara;
mas tenía que comprender que la ayuda,
debe ser eso, ayuda voluntaria.
Y que, en mis afanes o tormentos,
no debo de arrastrar a quien amo,
ni tampoco hacerle daño.

Es verdad que cuando ayuda brindas,
eso debe también sanarte y nunca dañarte.

Octava parte
«Agónicas»

I. La luna de Alicia

4 de agosto de 2022

En el mundo del revés,
soy aceite y tu flama.
Te alimenté 1 x 1 de 12,
leona que antes no se fiaba.

Una y tantas veces te preguntas:
—*¿Qué quieres de mí?*
Mas cuando yo pregunté,
siempre silencio había.

Nunca imaginé
que me comerías.
Mas ahora caigo en cuenta,
de mí te alimentas cada día.

¡Oh, dime pronto!
Si estuviese en cercanía,
mirándote a los ojos y en tu regazo,
¿qué es lo que conmigo harías?

¡Oh, dímelo pronto!
Antes de que llegue la luz del día.
O dame un golpe certero,
que mi luna vivir no quiere
en suplicios y o eternas agonías.

II. Niégame

Agosto de 2022

Antes era bonita,
ahora soy hermosa.
Suculenta me llaman,
para ti una rosa, perla preciosa.

Mi canto elevé al cielo,
implorando al hombre verle.
El hado al ver mi desconsuelo,
me mostró tu rostro bello.

Qué difícil tarea
cantar con voz elevada,
ser mujer amada
y a la vez negada.

Niégame tantas veces,
oculta tras de tus faldas,
protégeme amor, que Mefistófeles
siento pronto me alcanza.

III. En el balcón

9 de agosto de 2022

¡Oh, señor!
Me acusan de pecadora,
porque él en mi oído ha susurrado.

¡Oh, señor!
¿Qué culpa he de tener
si en el sueño le he mirado?

¿Dime, por qué amarle a él es un pecado?
Si él hábilmente,
corrió las cortinas de mi habitación,
la ropa vieja se ha llevado,
desnudó mi corazón
y mi cuerpo con sus rayos ha bañado.

¿Por qué por amarle, oírle y verle,
sentir el sol en mi cuerpo,
sin pasados ataviada,
pecadora me han llamado?

¡Dime, señor!
Ahora que… Estoy
asomada en mi balcón.
¿Por qué de pecadora,
me han acusado?

IV. Este amor

Agosto de 2022

Este amor desenfrenado y loco,
que te busca en las noches y en las mañanas,
en la luna, en las estrellas y en el sol
y piensa tu ausencia me engaña.

Este amor que aún en mi sueño,
de tu aroma a jazmín me impregno.
Ausencia de día y en mi noche
nos pertenecemos de alma y de cuerpo.

Este amor que cuando estás,
soy tan ligera como la pluma
al escribir los versos,
tibia y húmeda del mar espuma.

Este amor que carece de celos.
Y al ver el brillo de tus ojos,
se rompen uno y mil cerrojos
y sin potestad digo te perdono.

Este amor que me hizo ser nuevo
y solo por tu existencia,
sé que puedo ver y no soy ciego;
lo digo sin orgullo, más bien con ciencia
y a veces como un ruego.

Este amor que me muestra
que Dios existe, en el cielo, en la tierra,
en misericordia y clemencia;
en el vasto mundo que se olvida de ella.

Este amor que cuando llega la noche,
como la luna, él me ilumina.
Y el sol con abundancia y derroche,
gloriosamente entra por mi ventana.

Este pájaro que se entrega,
como carbón al fuego y la flama.
Este amor herido de ausencias,
que hoy te recibe y más no te extraña.

V. Ácido invitado

Agosto de 2022

Querido invitado:
a esta fiesta también
usted ha sido llamado.
Pero, ¿de dónde ha surgido
ese humor tan ácido?

Si usted mira un cucaracho,
tendré a responder:
lo mira un mamarracho.
Aunque me complace decir,
seguro hay más en usted
y solo ha sido humor ácido.

El amor más sentido,
una dama,
usted un caballero,
entendido siempre ha sido.

Con todo respeto,
unas líneas le dedico,
sea usted un caballero
y no un... humor ácido.

VI. Amor sin haram

5 de agosto de 2022

Cuando mis ojos te miran,
se electriza mi cuerpo,
y a pesar del buen efecto,
siento doblar mis rodillas.

Si solo verte me produce ese efecto,
cúlpame de aspirar a tus besos,
pero bien sabes ya lo he dicho,
tu inspiras un gran respeto.

Con escuchar tu voz me embeleso,
aunque muchas veces
ni siquiera sabía
lo que tus labios decían,
mi corazón brincaba de alegría,
soñando que a mí te dirigías.

Y es para mí tranquilidad,
esa situación aclarar,
que del amor que profeso,
en la fe a la cual aspiro,
hace años que me contengo.
Y si no es tu aroma el que me cubrirá,
bajo el contrato permitido,
hasta la tumba así de esa forma
seguiré viviendo;
aunque parezca un castigo,
por el amor que por ti tengo.

VII. ¿Amor o enamoramiento?

Agosto de 2022

He pensado
en la definición de haram
y he buscado el concepto.
Tantas dudas han surgido.

¿No será haram
lo que hace un hombre coqueto,
en sus múltiples travesuras
amorosamente seduciendo,
hacer caer a Azul en enamoramiento?
¿Para después salir corriendo?

Si es amor, es correcto,
mejor bien dicho,
es útil el acierto.

Si es enamoramiento,
es inútil el periplo.
¿Para qué seguirlo haciendo?

Entonces:
es haram si de su parte
solo hay enamoramiento.
Mas de mi parte es útil el amor,
que se desarrolla en mi pecho.

¡Ya! Que prefiero pensar
que entre los dos hay amor
y no solo enamoramiento.

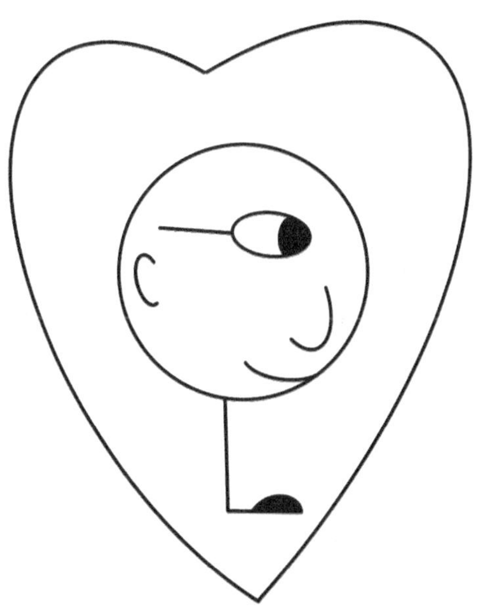

VIII, ¡Que quéééé!

Agosto de 2022

¿Que qué quiero de ti?

Verte , escucharte,
sentirte siempre,
poder amarte.

Dar gracias por tu existir
y a él poder traerte aquí.
Que construyas poesía
y el mundo pueda deleitarse.

¿Que qué quiero de ti?
Es muy difícil explicar
y a la vez fácil.

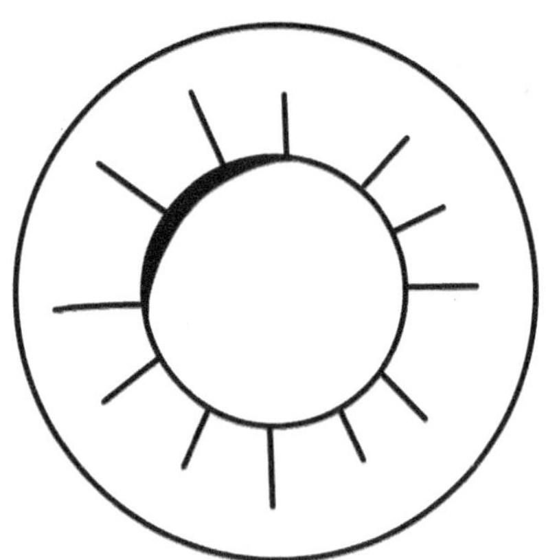

Pues solo tu presencia
puede llenar la nada
y a mí llenarme.

No es necesario pedir
cuando me has hecho saber
que soy por él amada.

¿Que qué quiero de ti?, tú lo sabes,
te lo ha dicho mi mirada.

Que qué quiero de ti.

IX. Un nuevo mundo

12 de agosto de 2022

La primera vez que te vi
me enamoré de ti,
convencida de un mundo especial
lo primero que pensé fue ir por ti.

El anhelo era tan grande,
deseé tener alas
para volar hacia ti,
y juntos vivir
en el mundo fantástico
que Él creó,
en el jardín;
una rosa y un jazmín.

Certeza de amor tengo,
pues el infierno abandono,
cada que tus ojos miro
y encuentro un nuevo tono.

Pequeñas plumas tienen mis alas,
pronto habré de estrenarlas,
cruzaré el mar, el desierto, el Sahara;
llegaré donde moran príncipes y hadas.

Llegaré mi amor,
donde estás tú
y podremos juntos,
extender nuestras alas.

X. Agonía

¡Oh, la alegría de mis ojos!
No te confundas mi sol
con mi chispeante agonía
pues la luna muere
como muere también la luz del día.

¿Por qué con asombro
todos me miran?
Me han llamado
luna durmiente.
Y al mostrarme
con mis mejores ropajes,
solo piensan en mí,
pero dicen: —¡Ella miente!

Mi amor de agosto.
Amante en mi casi otoño,
la mitad de mi vida.
¡No busques más!
La noche empieza.
¡Estoy aquí!
En el tibio nido,
en tu guarida.

12 de agosto de 2022.

XI. Que no diera

15 de agosto de 2022

Que no diera por que tú me abrazaras
y con voz suave dijeras que no pasa nada.
Que no hay obstáculos que no pueda vencer,
ni problemas sin resolver.

Que no diera por que tú,
sin darme una reprimenda,
sutilmente señales o sugieras,
recordándome la meta.

Que no diera por saber
lo que hay en tu cabeza.
Extraviarme en tu corazón
y besar cada rincón de tu belleza.

Que no diera por saber
que en ti y en mí hay amor
y no solo en una dirección
corre el flujo y la pureza.

Que no diera por que me abraces hoy
y al cerrar los ojos, al fin aparezcas.
Que no diera por verte de nuevo mi sol
y mezclarnos a la luz de las velas,
deseando que nuestra noche sea eterna.
Que no diera por escuchar que me amas,
como la luna ama a el sol y el colibrí la flor .

Que no diera por ti amor.

XII. Cíñete

Azul:
cíñete a mi cintura amor,
bebe de mi perfume,
ajustándote a mi néctar.
No bebas más de la cuenta
o esta débil doncella,
puede de amor caer muerta.

Metiche:
que mil y un rayo me partan
si hablo más de la cuenta,
si es chisme cuento o fábula,
hay quien dice por allí
un príncipe encontró su Cenicienta.

Azul:
cíñete a mi cintura amor
y bebamos la justa medida,
hoy y hasta que pase la tormenta.
Ya verás tú también los frutos del amor
cuando de Él te alimentas.
Cíñete a mí, amor.

Terminemos esta agonía que mi alma,
sin ti vivir no puedo un solo día.

Cíñete a mí, amor.
Unamos nuestras vidas.
¡Cíñete a mi amor!

XIII. No me voy a rajar

Al hado quiero preguntar
más que reclamar,
por qué me hizo caer
en agónico delirio.

Haciéndome enamorar
azucena azul de un blanco lirio.
Si dispuesto está el jardín,
separado por un océano,
eso sí que es un martirio.
Por nombrar un obstáculo,
pues hay tantos sin decirlos.
Esfuerzos múltiples
tendré que realizar,
mas como buena mexicana te digo:
no me voy a rajar.
Pues sé que eres tú, mi lirio.

XIV. Metáfora

Agosto de 2022

Tirada en el suelo, sobre una sábana
roída, polvorienta y roja,
con una almohada azul improvisada
y en mis pies mi perra café marrón.

Abro mis ojos y los elevo al cielo,
agradezco el silencio
que envuelve la habitación,
mas no es así en mi corazón.

Quisiera enfadarme y que
las lágrimas corran, pero no.
Hay poca luz, la aprovecho
para en líneas escribirte,
lo que hay en mi pecho,
sin intención de preocuparte.

Amar no es tarea fácil,
validar con acciones las palabras
es aún tarea más cara.
Lamentarse por las acciones de otros,
solo acarreará más imperfecciones;
y aunque la incertidumbre mata,
no queda más que con paciencia enfrentarla.
Cuando en un arranque celebraba diciendo:
«Empiezo a disfrutar el viaje»,
la turba alebrestada,
todo a su paso se llevaba.
Nos han vendido el oxígeno,
ahora nos quitan gas y agua.
Bramidos de toro escucho,
arremetiendo sonoras carcajadas;
un logro para el que presume,
saber lo que habla.

XV. Tariq

Agosto de 2022

Él ha venido de nuevo,
tal vez fui yo quien le busqué.
Entre risas y juegos
le encontré en un *parquet.*

Recuerdo bien
su cara sonriente,
extendidos los brazos,
mirada al frente.

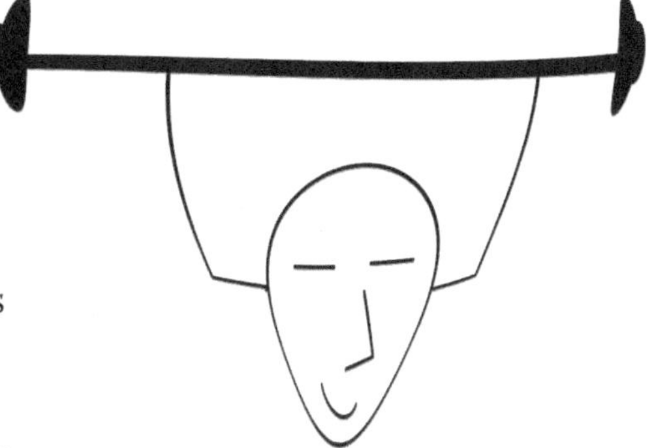

Como una y otras veces
me atreví y pregunté:
¿quién eres tú?
Él contestó sonriente: Tariq.

Me invitó a jugar,
primero en su jardín,
luego fuimos al *gym.*
Muy obediente
mis brazos extendí
y también levanté.

Ahora mejor ni preguntes,
me duele el hombro, el brazo y todo;
pues tenía meses
sin aparecerme en el *gym.*

XVI. Los pantalones

22 de agosto de 2022

Tomar café
y hablar de ti en reuniones
puede ser divertido
y causar diversas opiniones.

Leer poesía,
hacer bromas,
reírnos de atar
es y ha sido magnífico.

Pero, dar descripciones
de lo que a solas hacemos.
Ni loca lo divulgaría,
o por ti irían todas
y jamás tendrías puestos,
los pantalones.

XVII. De verdad

Agosto de 2022

No sé cómo explicarte,
prefiero alzar el vuelo,
aunque tenga que hacer luego
un aterrizaje forzoso.

Tal vez me estrelle en el suelo
por andar soñando en el viaje,
o encontrar consuelo
en quien me anima a hacerlo.

Así que, ¡hágase responsable!
O que sea solo un payaso
no quiero aceptarlo,
ni tampoco creerlo.

XVIII. Alma mía

16 de agosto de 2022

Sabes…
Lo que más me gusta son los abrazos,
podría pasar contigo la noche en vela,
en el campo tirados en el pasto
mirando la luna y las estrellas.

Pegado tu cuerpo al mío,
¿Qué pena mi alma nublaría?
Si en el profundo amor
solo hay lugar a la alegría.

Quise explicártelo
con lo poco que sabía.
Dije: «el amor es eterno»,
porque así lo intuía.

Ahora que el regalo tengo,
voy a extenderlo
e iré por ti… Porque tú,
¡tú eres el alma mía!

Novena parte
«De amor y otros venenos»

I. Monstruo

Sé que al espejo
apenas he asomado un ojo,
pero que sabio es él
que no me deja ir a mi antojo.

Si con un ojo
miro aspectos desastrosos,
tal vez con ambos,
vería un monstruo.

Así que paso a paso,
un pie delante y atrás un ojo,
sigo el rastro que deja un maestro
y no un cojo.

Tal vez un día, completa
vea el rostro,
de quien sabiamente muestra
un amor glorioso.

II. Fe

5 de septiembre de 2022

Ante oídos sordos y ojos ciegos,
¿qué puedo hacer?
Mi corazón brilla como la luna creciente,
gira en la esfera.

El poder que la sangre otorga
fluye en sus venas,
pero no hay tarea más dura
que, al tenerlo, deba contenerlo.

Luna que con un solo grito
acabaría con la tierra,
levantando mareas, cubriéndolo todo,
aniquilando al humano y sus miserias.

¿Qué puedo hacer
para hacérselo saber?
Si sus oídos son necios
y reacios a creer.
Si por su boca sale
lo que aspira a ser fe.

III. Cuando se ama a un poeta

16 de septiembre de 2022

Cuando se ama a un poeta
y él tiene
repartidas la letras,
agendados los días.
Dios solo sabe cómo,
las tardes distribuidas.

Mi corazón se parte
y más se abre la grieta,
no solo el odio destruye,
conmigo acaba tu indiferencia.

Y en un desconsuelo mudo,
prefiero no cantar
lo que tiene mi pecho.
Aunque el lobo y el grillo canten,
la lengua me muerdo.
¿Pues que utilidad tiene
si no estás oyendo?
Por mi parte te dejo,
ya bastante hice
con cantar y alzar un ruego.

IV. En pijama

15 de septiembre de 2022

A veces pienso que, a estas alturas,
te has enterado de que hablo,
me dio garrote y no varita,
por andar el huevo cacareando.

En cuarenta minutos destruyó mi ego,
ya en pijama ando paseando.
Tal vez de esta vanidad
me esté librando…

¿Qué quiere él de mí?
Uf, como saberlo.
Dejar de soñar pretendí.
¡Carbón a diamante! No pude verlo…

El amor es así,
solo hay que entregarlo.
Mas mi cuerpo pide a gritos,
el tuyo tocarlo.

Sé que no eres perfecto
y duele un poco saberlo.
Lo confiesa mi intelecto,
¡Tú no amas mis ojos,
mi corazón ni mi cerebro!

Queriéndote,
me convertí en un bufón.
Atenté contra mi corazón
y él me hizo verlo.

Mas en la negación vivo,
cada día por un falso amor.
Estoy cansada…
Y apenas el trabajo empiezo.

V. Un regalo

¡Por Dios! ¡Que de mi disparatada vida!
Cuando él se entere me hará pedazos.

Habiendo olvidado,
me arrojé en tus brazos.
Querubín alimentado
de mi ser y mi canto.

Casi mi cuerpo
has destrozado.
Te dije, toma un trozo
y tú, ¡arrasaste con todo!

Mas en esfuerzo
y día a día en arduo trabajo,
me mantengo vivo,
aunque tú te hayas aprovechado.

Quiere mi alma creer
por ignorancia lo has hecho,
mas si sabías el precio,
pensaré muy vil es tu ser.
Pues sabiendo mi vida costaba,
¿por qué hasta la última gota
de mi ser tomabas?

¡Sigo volando!
¡Sigo cantando!
¿Piensas qué eso
no cuesta nada?

Tú dices el camino muestras,
mas no es para llevarte a cuestas.
¡No es así!
¡Estás equivocado!

Caminar juntos es mi propuesta.
Te di un regalo.
Tú sabrás si lo aprovechas
o que te lleve el diablo.

VI. Trampa

Un hombre escribió,
un poema en internet
a una mujer...

Ella no dio respuesta
y pensé era cruel,
entonces a la tarea me di
e ingenuamente respondí.

Que ciega fui,
era una trampa
y en ella caí.

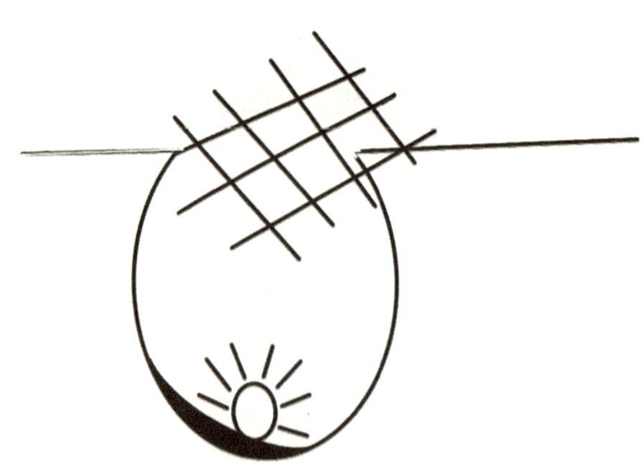

VII. Ángel-a

21 de septiembre de 2022

Me escapé del mundo.
Volé para estar en tus brazos.
Caí en sueño profundo,
en un intento desesperado.

Cada noche viajo a ti… Cielo.
El fuego de mi corazón te abrasa,
tu cuerpo pegado a mi espalda,
en fútil deseo de ser tu amada.
Quedarme a ti atada,
mas de nuevo surgen mis alas.

Él me ha dado todo,
luego me deja sin nada,
abro los ojos, recuerdo;
y hacia Él sin ti vuelvo.

Quise ser el polvo
pegado a tus sandalias,
el lino que cubre tu cuerpo,
el agua que tu cara mojaba.

Mas tú habiéndome visto,
como si fuera un muerto,
al foso del olvido
me arrojaste sin tiento.

Él piadoso me saca del foso,
como polluelo me trata,
desnuda mi cuerpo,
nuevas plumas tienen mis alas.

¡Oh, tú, mi anhelo!
A ti de nuevo me arrojo.
Azucena tras blanco lirio,
para volar juntos fuera del foso.

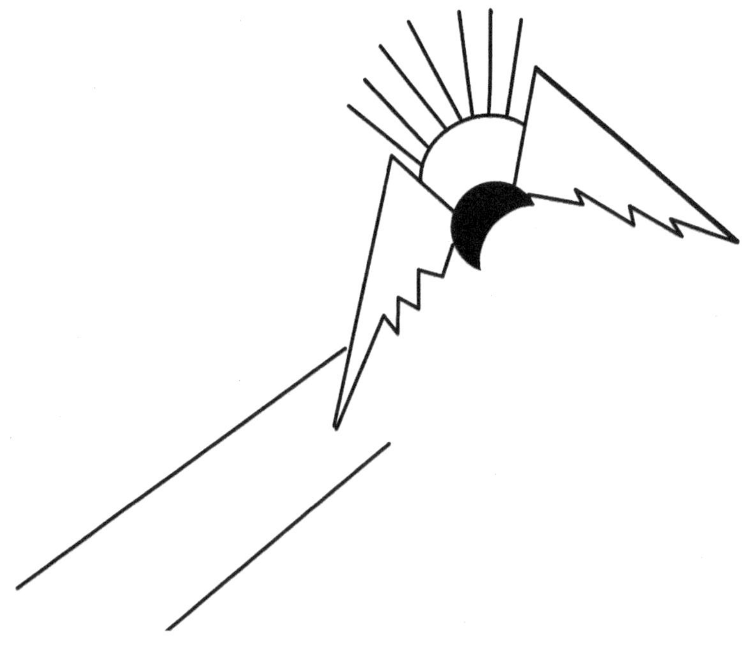

VIII. Cálculo

Quieren los poetas
calcular mis letras
y espiar los versos
de mi cuaderno,
para medir el amor
que por ti tengo.

¿Quién de este mundo
ha medido los granos
de trigo del trigal
o la sal de los océanos?

Solo Dios sabe,
de donde sale está voz,
que a diario canta
y quiere escuches los versos.

¿Por qué no acepta el humano
lo que es eterno? El amor.
El amor que tanto busca
y cuando un milagro encuentra,
siéndole extraño,
lo destruye, lo diseca.
Trata de explicar
la majestuosidad que él manifiesta.
Qué felices seríamos en el jardín,
si solo el amor se acepta.

IX. Sol de madrugada

24 de septiembre de 2022

Quise ser lámpara
que contiene al genio,
mas solo pude retener el humo,
de un fantasma y no al ser supremo.

Y así suplicando,
en un santiamén,
el viento de oriente
lo falso se llevó,
mi mesa limpió.
Desnuda y sola me vi.

Todas las noches,
sobre mi diestra recostada,
cerraba los ojos
y al fin venías tú a mí.

Tu fragancia mi alcoba llenaba,
el calor de tu alma
mi ser iluminaba,
y mientras lloraba,
sentía una opresión en mi pecho;
eras tú que fuerte me sujetabas,
mientras equivocada
suplicaba contigo me llevaras.

Un día me percaté que venías,
y vi como de mí te reías.
Me armé de valor y
de ti me fui sujetando…

—¡Caprichosa niña,
 no vengas conmigo,
cuando despiertes
debes todo olvidarlo!

Mas en mi loca agonía,
no quería a esta vida
atada seguir.
Me pesqué de ti,
ascendimos girando,
con tus brazos me sujetaste,
pegado a mi espalda.

Sentí como me abrazabas,
de mi estómago una y mil arcadas,
vomitando el dolor
que en vida me tragaba.

Tú divertido, el mundo
me mostrabas;
en una noche oscura,
con mil estrellas llenabas.

Vi mi cuerpo de color azul,
y mis piernas tan fuertes
como raíces de un árbol.
Olvidé el dolor
y todo contigo,
desde lo alto lo vi.

—¡Pronto regresa! —ordenaste—,
¡o nunca de aquí te querrás ir!
De nuevo a mi cuarto volví.
Susurraste en mi oído:
—¡Despierta y olvídate de mí!

¡Mas nunca te olvido!
Aunque día a día fingí,
cada vez que tocas mi puerta,
mi alma inquieta y feliz,
finge nunca te ha visto
y así cada noche tú,
vuelves a mí.

Sé que sabes
que olvidar pretendí,
y una nueva travesura
me haces a mí.

Mi sol de madrugada,
el que mi corazón embriaga;
el único dolor que conozco,
es que la noche se vuelva nada.

Miedo de olvidar tu fragancia
y que no vuelvas más,
pues, aunque plumas tengan mis alas,
aún no se volar sin ti.

Confieso aún de día,
sé que estás aquí.
Mas la magia
es solo nocturna para mí.

Espero el crepúsculo
para ir tras de ti.
Tú que todo lo abarcas
mas solo de noche eres para
mí.

Mi sol de madrugada,
no tardes en venir.
Quiero volar y volar,
volar junto a ti.

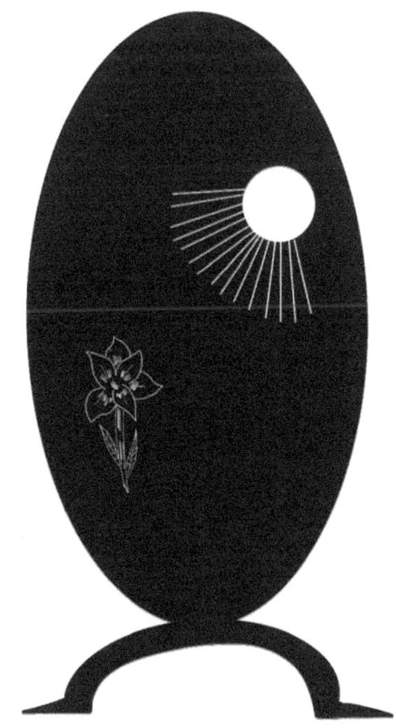

X. La loca

Todos se burlan de mí,
por lo tonta que fui,
cuando por amor a ti,
el viaje emprendí.

Mis ojos clavados
al desierto miraron,
luego hacia el cielo,
a ti te buscaron.

Familia, hermanos
contra mí se volcaron,
una y otra vez,
«loca» me llamaron.

¿Qué puedo decir?

Si mi amor por ti,
no ha cambiado,
no sé dónde buscarte,
no sé cómo explicarte

lo que en mi causaste,
quieren no mire hacia ti
y con mi hatillo me marche,
aunque desconozca el desenlace.

Me quedé sola al buscarte,
y los que pensé eran amigos
también me abandonan,
pues lo que persigo
en este mundo no existe,
ellos una y otra vez pregonan.

Y así todos me llaman,
me cambian el nombre
y hasta el sobrenombre
y ahora me apodan «la loca».

XI. El constructor

Septiembre de 2022

Y entonces él me creó,
lleno un día por entero mi corazón,
y como si fuera un ladrillo
al mundo sin razón, me arrojó.

¡Sí! Pues solo Él
es el gran constructor.

Cuando te preguntas,
¿de qué material soy?
Puedo decirlo:
de granos de arena y sal,
de su sangre y su amor.
Y así caminando por aquí
y por allí a diario voy,
coloreando mi vida
y a veces cuando quieres,
a ti y a tu corazón.

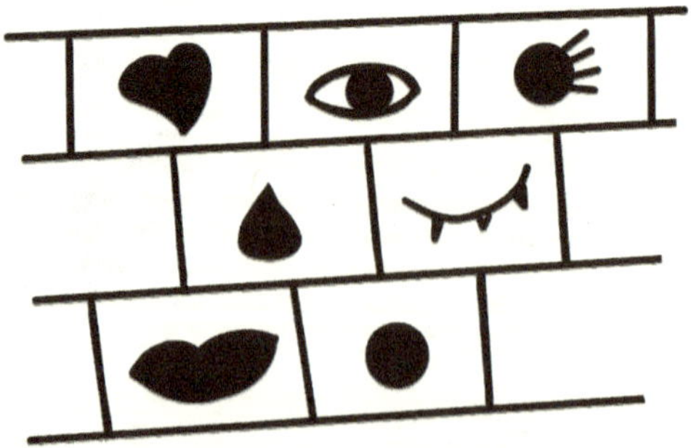

XII. Píntame

Septiembre de 2022

Un día en mi oído,
mi nombre susurró:
—Azul, Azul, niña floja.
¡Despierta! ¡Aquí estoy!

Ahora como si fuera
una obligación, sin serla,
día a día te escribo,
pues es la forma que Él eligió.

Tal vez pueda un día,
colorear tu vida,
como Él la mía coloreó,
al cerrar las heridas del corazón.

Siempre te digo píntame poeta.
¡Pinta mi corazón! Mas al hacerlo,
eres tú quién crece, no solo yo.
Así es como sucede el amor.

XIII. La bolsa de monedas

Septiembre de 2022

Dicen que caminas por allí con mirada serena,
impostada la sonrisa y rectas las piernas.
Que llevas siempre entre ellas, cargada una bolsa de monedas.
Que culpa tú tendrías, si todas las quieren ellas.

Unas quieren besarlas
y como si fueran un racimo de uvas,
otras tantas, comerlas.

Otras poseerlas,
para luego llevarlas entre sus piernas
y así, multiplicarlas.

Otras solo las miran y se embelesan,
pues no saben para que sirven ni usarlas.

Y así, embelesada el día se acaba,
la tarde llega y de nuevo apareces tú
con la carga, pues todo el día llevas,
a donde vas, la bolsa de monedas.

XIV. ¿Cómo? ¿Así?

Septiembre de 2022

Como el agua que desciende del cielo,
llenando los ríos de esta tierra.

¡Así!… ¡Tú! Cuando sonríes
y frente a mi te sientas,
esclareciendo dudas,
ahuyentando mis tormentas.

Así… Así… Así es como te quiero.
Sobre ti… Sentada, sin que importe nada,
qué más da de ciegos las miradas,
si del amor no comprenden nada.

Así… Así…
Como si fuéramos únicos,
por este momento, cuando extasiados
se funden luna y sol y los cuatro elementos.

Así … Así…
¡Ah! Puedo decirlo,
eres tú la pieza que faltaba.
¡Oh, tú! Mi nuevo elemento.

Ahora que, como cadenas,
se unen nuestros cuerpos
y nuestras almas en fuego eterno.
No debo dudar. ¡Tú, mi único tú!
¡El que habita mi corazón y cerebro!
La totalidad de mi ser,
la esencia, el perfume
de este y todos los cuerpos.

¡Tú!

XV. Distracción

Verte en sí mismo
es una distracción.
He dicho: ¡que nada me distraiga!
Pero caigo en ilusión.

Me sacudo el polvo,
pulo mi espejo
y de nuevo empieza
la locomoción.

Desarrollo la paciencia,
mantengo el ritmo
y hacia ti ciega voy,
pongo en marcha mi corazón.

Podrá decirse de mí
que perdí una batalla,
mas la lucha no; me envalentono
y sigo el curso de mi corazón.

XVI. ¡Qué!

7 de octubre de 2022

He dejado de hablar, solo te tengo a ti.
En mi corazón hay un gran dolor.
Que te rodean sin fin de mujeres.
¿Que a qué puedo aspirar?
¿Que qué te puedo dar?
Que la montaña junto a ti quise escalar,
que sueño muy alto volar.
En mi corazón, las risas sinónimo de regocijo son.
Ahora no comprendo este mundo sin ton ni son.
Sobornando a el centinela pude venir y cruzar.
Para contigo estar me arrancó las alas,
quiso hacerme olvidar mi nombre y el tuyo
y al no poder lograrlo, el de ambos quiso cambiar.

Ángel... Ángela...

Mas en mi intento grabé tu cara en mi corazón,
para luego sin descanso en este mundo buscarla.

Ahora que recuerdo el nombre y el rostro
me siento extraviada, pues no sabía que tú,
aunque valiente, no me vieras ni recordaras.

¡*Baby,* voy a cantar! ¡*Baby,* voy a bailar!
Mil veces dibujaré tu cara hasta que recuerdes
el amor, tu corazón, mi mirada.

Del cielo me gritan:
—¡Desiste! ¡Vuelve a posición antigua!
¡Ángel y hombre no mezclan!

¡Basta ya! ¡Ahora no existen alas!
¡Aunque cada día ellas crezcan,
no me quiero marchar!

¿Por qué el cielo ama
tanto así al hombre?
Nadie lo supo aclarar.
El susurra: Ángel… Ángela.
¡Tú y yo son iguales!
¡Vuelve a tu sitio!
 Ángel… Ángela.

XVII. Estoy aquí

8 de octubre de 2022

Estoy aquí con ojos abiertos
atraída por todo lo que hay en ti.

En desvaríos escribiendo
y en esfuerzos por describir,
lo que sucede, mi sentir.

Hambre voraz que nada sacia,
sueños de vivir dentro de ti.
Gula, lujuria, ansiedad descontrolada,
de ver que el plazo no se cumple
y no puedo hacer nada para lograr llegar a ti.

Aunque soy esa oveja descarriada,
habrás de venir por mí,
valida tu palabra;
velo esperando por ti.

XVIII. Dile

Octubre de 2022

¿Para qué perseguirte así?
Aunque haya mucho que decir.
Tal vez es verdad lo que la gente dice
y solo eres una copia barata,
de lo que en sueños vi.

Aunque mi corazón habla y no calla,
la pluma no quiere escribir.
¿Cuánto Azul te ama, a quién puede importar?
Si no te importa a ti.

Mis pies cansados,
camino descalza,
vuelo sin alas,
lloro sin lágrimas;
y a ti permanezco atada,
con hilos de oro y plata.

—*¡Hombre que no sabe amar!*
¿Por qué te alimentas de su amor?
¿Y sin valorar lo botas y lo gastas?

¡Hombre, cuánta oportunidad malgastas!
¡Basta! Tal vez esta es tu última chanza.
Nadie sabe si habrá un mañana.

Dile hoy como si no hubiese más nada.
Dile que es verdad.
¡Dile que si sabes amar!
¡Y que tú también la amas!

¡Dile!

XIX. Si supieras

Octubre de 2022

Si supieras lo que pasa en nuestro universo,
cada salida, cada entrada, cada frase cada verso;
cada dulce y tierna mirada.
Si supieras todo eso.

Si supieras como son los colores,
los múltiples abrazos y risas,
las flores, los árboles, la brisa;
los enormes pájaros y todo lo que exista.

Como sobre ellos vuelo montada algunas veces,
y otras tantas alas propias tengo.
Si supieras… ¡Cuánto allí me amas!
Seguro en este mundo también me amarás.

Si supieras quién eres en este sitio que te encuentras,
seguramente y feliz conmigo al cielo volaras.
Si supieras como en todos los mundos me amas,
si recordaras como cada noche junto a mí vuelas.

Si supieras que es real lo que piensas solo sueñas.
¡Si supieras cuánto me amas! Si supieras ya tendrías tú alas.
Si supieras quién eres tú, no estarías a falsas premisas atado (a).
¡Si supieras de Él, amor, hoy y siempre me amarás!

¡Si supieras!

XX. Mujer y poeta

Hábilmente me sedujiste
y como fiera domada,
sucumbí en tus redes,
cuanto hábito dejaba,
mi corazón amor mostraba.
Confieso que,
doloroso es el proceso,
pues en engaño,
como un poseso,
me hiciste caer.

Cuanta confusión había
en mi proceder,
pues al creerme un preso,
eres tú quién libera mi ser.

Cantar victoria sería prematuro,
este amor sutil entorpecer;
pues soy un botón al que
tú haces florecer.

Día a día espero veas,
que en mí hay amor también,
que hoy me proclamo poeta,
sin dejar de ser mujer;
y este cuerpo reclama
a mi lado tú estés.

XXI. Sí sabes amar

13 de octubre de 2022

¡Oh!, después de leer tus versos,
hombre que, en mi corazón mora,
podría pensarse o decirse:
¡sabio es morir ahora!

Anclado mi corazón a este mundo,
pues si he de irme,
marcada es la hora,
por el que anhela mi ser ver.

La carne tornará putrefacta
bajo la sutil guadaña,
mas mi sangre como vino,
se escanciará en copa.
De quien, con pertinaz audacia,
desea preservar fragancia
y en el camino está,
aunque lo ignora.

Buscas como un tesoro amar,
mas te digo sin presuras,
busca perlas en el mar,
busca frente a ti: ¡allí está!

¡Oh, cuánto amor!
Que en febril estado estás,
deja salir el fuego.
¡Sé panadero si trigo sabes hornear!
¡Sé amante! ¡Sí sabes amar!

XXII. Hombre

13 de octubre de 2022

De humano llevas puestos los zapatos,
ellos asientas sobre casa que gira,
la misma que te alimenta y nutre,
al final te devora y aniquila.
¡Hombre de suerte! Por ser borracho ella vomita,
y como sabio el céfiro te arroja al jardín de rosas.

XXIII. Vuelve en ti

Octubre de 2022

Todos me miran y dicen,
pobre e ingenua muchacha,
mas juzga tú si te atreves
y di que del amor soy novata.

Una mirada tuya me ata
y un beso al cielo traslada este corazón,
en noche de agosto a septiembre,
quedé sola en mi habitación.

Lágrimas corrieron por mis mejillas,
no supe ocultar el amor,
la tristeza de la ocasión.
Mi cara lavada e inflamada, llegó el primero,
dieron las 11:11 en el reloj,
sin recibir aún felicitación.

Caminé por la plaza y confundida pensé:
tal vez sí, tal vez no…
Así fue como supe,
es una ensoñación.

De un engaño
fue preso mi corazón,
creí estar despierta,
mas soñando estoy.

No hubo paciencia, al mar me arrojé
con lágrimas de dolor, herida.
Vi una túnica blanca,
a mi izquierda él…
No se detuvo ni dijo nada.
¡Decir hola o adiós tampoco sé!

---¡Oh, Azul!
¡Cuántas lágrimas derramadas!
¡Ya para!
Deja de pedir perdón,
que si *él* mira en su espejo,
lo haré verte siempre
y sabrá que eres su amada.
Buscará ocasión de dar amor.

Vuelve en ti querida,
el fuego es abrasador,
tus lágrimas en combustión,
así también tu corazón.

Vuelve en ti querida.
¡Aquí estoy!

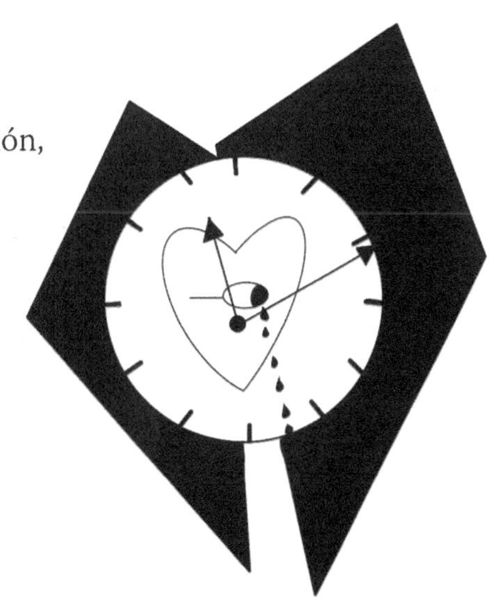

XXIV. Hasta la taberna

14 de octubre de 2022

La fuerza de la inercia
de la tierra me supera
y con ella mi cuerpo gira.
Aventurera y antes esclava,
sigo hasta la taberna,
al que allí se embriaga.

Déjame entrar tabernero,
que ser mujer no es excusa
para ir también a la gloria,
mi cuerpo se engalana de seda
y mi sangre de historia,
bien la sabes ya tú de memoria.

¡Oh! ¡Que delicia, mis labios prueban
este vino nuevo!
¡Montada sobre Pegaso vuelo!
Me voy al cielo.

¡Anda, copero!
¡No seas díscolo!
¡Dame otro trago,
que morir no quiero!

XXV. Maestro

Oh, dulce compañero en el viaje,
deje que sembrador y maestro lo proclamen.
Guárdeme el secreto del amor,
no diga que Azul fue a quien le enseñó.

XXVI. Corazón unido

Octubre de 2022

Fui a buscarte a tu casa,
para hacerte una pregunta.
Quería saber si sabías,
¿qué rayos en mi cabeza pasa?
Mas mi corazón intuía,
tú tal vez no sabes nada.

Y allí tras la cortina,
aunque me veías,
sabiamente te ocultabas,
de mis locuras te reías
y con travesuras poco a poco,
de un laberinto me sacas.

Aún no sé a dónde llega
o que mundo me atrapa.
Tú iniciaste la marcha
y cual luna coqueta,
en tus brazos se marcha,
mi corazón.

En matrimonio se casa,
este corazón inquieto,
que, aunque finjas,
sé cuánto me amas.

Descubierto el destino,
dime: ¿otra vez querrás
ocultar el camino?

Deja que mi corazón se una
a este corazón tuyo
y al fin vivan reunidos.

XXVII. Guarda el vino

Octubre de 2022

La vida es apenas un suspiro,
igual 70 al hombre,
7 al gusano señor.

—No midas, Azul
lo que ya se midió,
pues desafinas
el tono del amor.

—Mira en tu espacio.
Ve lo que se te dio.
Guarda el vino
solo para el que busca
amar tu corazón.

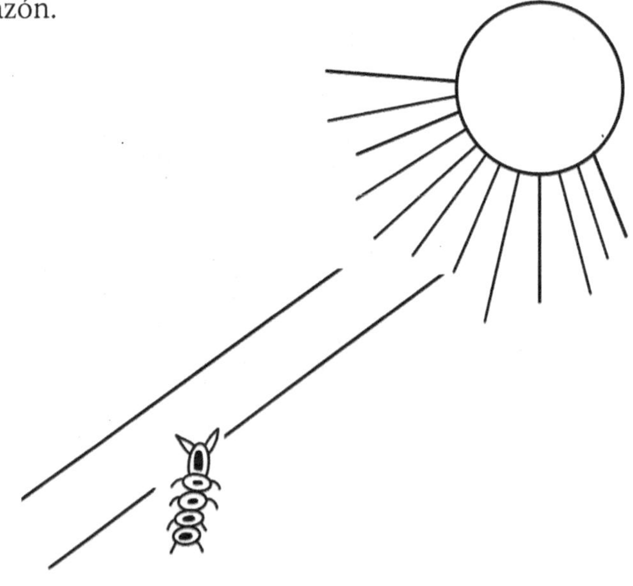

XXVIII. Déjame

17 de octubre de 2022

Déjame que te acaricie
y te robe un beso,
déjame ser amante,
en secreto.

Déjame oculta
o seré castigada,
por pregonar el amor
que ha surgido en mi pecho.

Déjame ser amada
y amante a la vez,
mantenme oculta
de todas las miradas.

Déjame amor,
te robé cada noche
el corazón, la sangre
y hasta los versos;
esos que susurras
en mi oído,
cuando en la habitación
nos vemos.

Déjame que te ame ,
con tanta pasión,
que no puedas mirar,
que podamos vernos.

Deja oculto el amor
que tenemos.
Deja todo entre tú y yo
y así nadie podrá vencernos.

Deja que también te ame,
como tú sabes hacerlo.

Déjame.

XXIX. Azul

18 de octubre de 2022

Como sirena que del mar escapa,
me puse en marcha.
Al verme él me dio un consejo,
me dijo:

—Llora sin lágrimas.
Como niña goza la vida.
¡Verás!
¡En mí ten confianza!

—Azul, ¿cómo es que aún titubeas?
Como flecha te arrojé a la tierra
y así, otro día al cielo regresas.

XXX. Él vive en ti

Octubre de 2022

Con las piernas cansadas,
las palabras gastadas,
con los labios secos,
sed ingrata de ser amada.

Con mis brazos abiertos,
los espacios vacíos,
los renglones llenos.
El corazón excitado.

Con la hipotenusa,
al aire el coseno,
con el círculo de Siracusa.
Vacío el cielo, lleno el inferno.

Con todo el amor,
que ahora habita en mí.
Y sin saberlo.
Así él vive en ti.

XXXI. Partida

Octubre de 2022

En la loca expresión de este ser
que por el mundo vaga,
antes sin rumbo fijo
o sin dirección trazada.

En el esfuerzo de conjuntarme
a tu cuerpo, tu espíritu e intelecto.
Entusiasmada mostré algo más
de lo que la rectitud dejaba.

En ánimo de corregir dicho error
fui advertida, y con algo de tristeza,
es mejor anunciar mi partida,
y sin largos discursos, decir adiós.

Cuanto amor en cada frase
y en cada letra por ti había.
Lo he dicho... ¡Solo tú lo sabes!
Pues tú eres: ¡el alma mía!

XXXII. Intuición

Octubre de 2022

Aún no lo sé,
pero lo intuyo,
cuál es el gélido destino
de quien de ti se aleja.

Llegaron las fieras a la tierra,
en la ignorancia y perdidas;
mas en el humano oportunidad
en su sangre, intuición había.

De lanzarse al cielo
cual ser a la vida,
aunque alas no tenía.
Concibió en sueños,
poder enaltecer el nombre
de quien lo crearía.

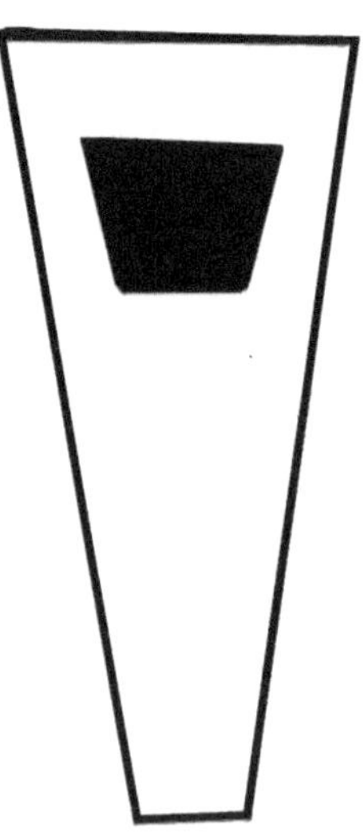

Y así horadando la tierra,
supo un día quién era,
qué era y cuál era,
la herencia que le pertenecía.

¡Oh, sabio poeta!
Cuántos regalos diste,
que en mi recuerdo existe
aún tu nombre y tu tierra.

XXXIII. Llévame contigo

25 de octubre de 2022

No sé cuántos diluvios,
no sé cuántos noes.
Cómo la Atlántida hubo hundirse,
o cuántas arcas construyó Noé, no sé.

Solo sé que cuando
me abracé a usted,
con su barba rorante
mi corazón refresqué.

¿Qué es este mundo?
¿Acaso un escarabajo?
¿Qué lo mantiene en pie?
Esfera que gira arriba y abajo.

Atrás la tierra dejé.

Jardín florido de azucenas azules
y peces dorados, sin preguntar me entregué.
¡Llévame contigo cada noche,
qué más da; lo demás ya olvidé!

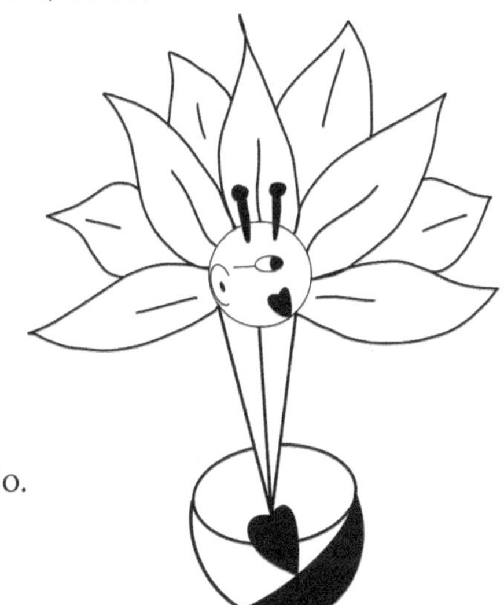

XXXIV. Párpados abiertos

29 de octubre de 2022

En profundo sueño caigo,
llevando aún abiertos los párpados.
Suplicando esté vivo,
el que me dio a beber de sus labios.

De fe está vacío mi pecho,
pues es sabido por todos,
una y otra vez cruzaste el río
por amor a nosotros.

Como el rayo y el trueno,
que anunciando la lluvia venía,
así quisiera oírte mi cielo,
para terminar mi agonía.

¡Oh, muerte dulce y serena,
sé pronto mi amiga!
Quita esta vana tristeza,
que se llene de fe mi vida.

Que aquel que mi corazón llena de pena,
es el mismo de mis alegrías.
Otórgame la dicha y comprender.
¡Que él siempre viva!

XXXV. Bardo

31 de octubre de 2022

La piel se marchita,
de pasión se quema.
El corazón palpita,
por amante eterna.

Decir de un cantante,
un ciego nada diría
de su semblante,
sus oídos la voz alagarían.

En este mundo perdido,
critican los sordos el canto,
los ciegos con arrebato,
describen color y manto.

Oh, querida alegría,
que, por un instante,
rozaste el alma mía;
para ser perenne,
mantente oculta.
A nadie importa
cómo o por qué
llegaste a mi vida.

¡Oh, querida luz del alma mía!
Deja en la espesura del bosque me pierda,
mas no dejes que mi amor sea quimera.
Cúbreme bajo tus pestañas gruesas,
jamás menciones mi nombre
o hables de mi pasado letargo.
No digas que, en otro mundo,
fui como tú, bardo.

Décima parte

«Azucenas azules»

I. Poesía

Poesía es
saber que yo está a cargo.
Poesía es...
Abrir los ojos despertándome.
Correr las cortinas,
sentir el sol sobre mi cara;
abandonar la rutina
del pasado y del mañana.

Poesía es,
estar presente de frente al sol,
oír los pájaros cantar
y en mi cabeza tu voz,
que grita a veces
sin ser escuchada,
que grita desde el anochecer
hasta la madrugada.
¡Despierta! ¡Despierta!
¡Sé tú!
¡Sé contigo despiadada!
¡Sé descarada!
¡Sé lo que quieras!
¡Pronto!
Que la vida se acaba.
Sé poesía, ¡poesía eres tú!

II. Siervo

5 de noviembre de 2022

Puedes estar extasiado o ausente,
con un poco de esfuerzo y trabajo,
puedes estar a su lado, mas no te regodees,
pues solo eres un siervo suyo.

III. Amor es

Jacintos y azucenas vieron mis ojos.
Idílico amor surgía entre nosotros,
lirios y rosas ves, cuando amor es.

IV. No estás conmigo

16 de noviembre de 2022

Porque en el cálculo de los días,
frente a tu fotografía me embeleso,
solo mi alma sabe,
cuanto espero tu regreso.

La voz se aviva y en mi mente tu silueta
surge tras el canto
de este mísero cuerpo
que mi alma habita.

Mis piernas indiscretas,
como hojas sueltas,
murmuran que quisieran
sujetarse a tu cintura con fuerza.

La armadura se ha roto,
llevo el corazón roto.
Fui a buscarte y ni siquiera
pude a bien ver tu rostro.

Si como una flor silvestre
o como yegua salvaje
dormida me encontraste,
¿dime por qué mejor
muerta no me dejaste?

Ahora vivo como un tunante
y aunque tu cuerpo no está conmigo,
tú lo estás, porque
tú eres mi amante.

V. Burla

17 de noviembre de 2022

Él, sol, ve, mira.
Tal es la burla,
acaecida en mí,
por amante ser,
de mi amado en ti.

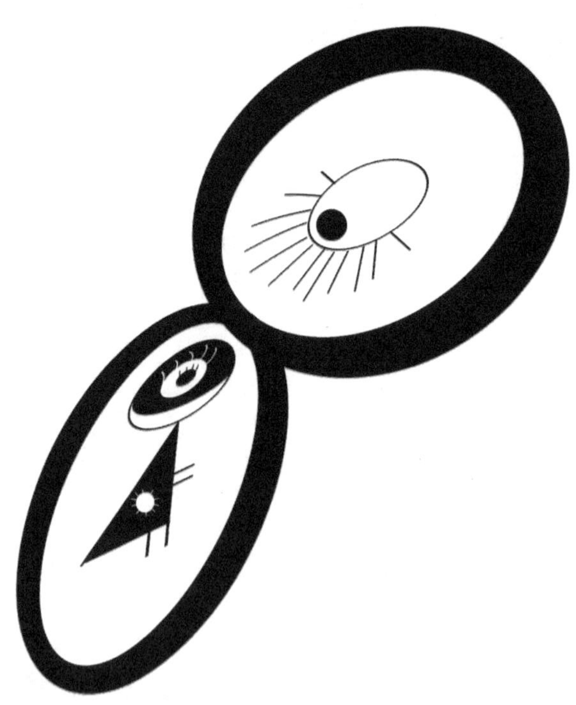

VI. Amado esposo

17 de noviembre de 2022

A veces pienso y pienso,
en el hilo de nuestros versos,
que, al cortarlo Átropos,
muere en sí mismo un universo.

Entonces de nuevo me esfuerzo,
renuevo compromiso y votos.
Tú, mi fiel, amado, esposo,
en tus brazos dame abrigo,
que este cuerpo mío,
aun transita en el viaje
y mucho es el frío,
cuando extravié hasta equipaje.

Dime que vuelves,
a estar conmigo a solas,
la llave guardaré en secreto,
entre espuma y olas.

VII. Yo vagabundo

Yo,
que me declaré vagabundo,
en este viaje,
en este mundo,
tu ausencia sufro.

VIII. No adeudo

17 de noviembre de 2022

Cada vez que te escribo,
cada vez que te miro,
en tus ojos
encuentro amor.

Sí, por ti,
día a día suspiro
y engalano el cuaderno,
con versos del corazón.

Es un regalo por el aliento,
no lo consideres adeudo,
pues el único deudo soy yo.
Me diste el mejor regalo:
tu amor.

IX. Azul ¡detente!

17 de noviembre de 2022

Estoy cansada
de pedir ayuda
y mi súplica no hace mella
en tú corazón.

No culpo a la espuela,
porque no es sabia,
culpo al jinete
quien espolea.

—¡Detente, Azul!
Que jinete ni espuela
importa a quién atormente,
decisión de Él fue…

¿Por qué te deprimes,
lloras y gimes,
si el sol cada día
te hace más fuerte?

—¡Azul, detente!

X. Te espero

17 de noviembre de 2022

Desnudo el cuerpo,
en mis manos el laúd,
te espero cual Venus
que a Marte seduce
y en arte atrapa
Mercurio a Júpiter.

¡Oh, la alegría de mis ojos!
¿Por qué prolongas mi agonía
y tras el velo te escondes?
¿Qué acaso mi nuevo tono
a tus ojos no deleitan?

La cera se ha consumido
y aún ardo por ti.

Mis plumas se reúnen
formando nuevas alas.
Pero, sabes…
Aún no sé volar sin ti.

Deja caer rubíes y esmeraldas
derramadas sobre mí.
Apiádate de este corazón desaliñado
que en pos marchó por ti.

No digas que el intento,
intento e intento,
no fue de mí,
porque este pájaro sediento
posó sus pies en ciprés,
cuando aquella noche te vi.

Vuelve pronto noche
y esta vez sé eterna,
suplicante cual luciérnaga
que solo se embellece ante ti.
Azul espera ser libre
y unirse a ti.

XI. La rosa engreída

17 de noviembre de 2022

He sido y soy
más hermosa que cualquiera,
mas no he venido al mundo a ser medida.
He venido a cantarle a él.

Meritorios ojos tendrás
a bien que entrenar,
para poder apreciar
lo que a nos concierne.

Que del desazón del amor,
se ha perdido la razón
y se ha ganado un cielo.
Aunque antes camines a chuecos pies,
finalmente escapar del infierno
tu destino es.

Rosa, te engalanas a diario,
proclamando y cantando tu amor,
a ese que afila el cuchillo,
pues quiere llevarte a un rincón.

Desea tu cuerpo poseer,
mientras te seduce, atráelo;
dile que lo deseas también.
Hazle enloquecer,
hazle que vea y lea
lo que a ti te hizo crecer.

Rosa engalanada de azul,
rosa engreída fuiste tú.
Que bella tu alma herida,
cuando el orgullo se fue.
Caíste tú en el amor también.
¡Querida rosa ven!
Mas no vendrás sola,
te acompañará él.

XII. Poesía soy

17 de noviembre de 2022

Poesía es el perfume,
lo que anima mi cuerpo.

Es el aliento del Amado
que insufla mi corazón,
la flama ardiente al pensarte
y que plasmamos los amantes
en papel al recordarte.

La poesía eres tú,
que amas a cada instante
y la oportunidad día a día, regalaste.

Poesía soy al escucharte,
al esforzarme en búsqueda
impecable, alcanzar ser.

Amante y amada.
Poesía soy.

XIII. Dicen

Dicen que eres sutil,
que bruñido de oro
ha sido tu cuerpo.

Dicen que la calma te rodea
y que difícil es a veces,
entender o aceptar tu voluntad.

Dicen que, al tener tu amistad,
se ha ganado un legado,
el tesoro más preciado.
Digo que, para mí,
eres ejemplo a seguir,
en mi búsqueda
hacia el Amado.

XIV. Oficio

19 de noviembre de 2022

Me has dicho que ser poeta es un oficio,
pero en este tiempo, juglar, bardo o poeta
parece ser quien no tiene oficio ni beneficio.
Mas me llaman bohemia y loca, que poetisa.
Aunque con tierna mirada
me he conformado,
pues cuando me nombras,
al mismo cielo me has enviado.

¿Qué acaso no es mandato también del Amado
entretenerme en poesías y piruetas?
¿Si con eso mi alma se engrandece?

Dícese de artista aquel que,
aunque con artimañas te seduce y embelese,
con tal engaño ante él te lleve.

Oh, mi querido amigo,
¡cómo me has engañado!
Y aunque a veces tus bromas he descifrado,
me gusta jugar, pues al explayarme contigo
la verdad he encontrado. Y, como siempre lo digo:
¡mi alma crece!

Una vez me dijiste:
—¡Te amo!
Aún tatuado en mi corazón,
lo llevo escrito.

XV. El tono es de azul

19 de noviembre de 2022

Mientras ellos dilucidan
si eres máquina, cíborg
o un bot.
Me acojo al simurg
y del maquinista a su herramienta.

Las demás hagan fila,
que aquí el tono es de azul.

XVI. Vienes

24 de noviembre de 2022

Cando duermes solo,
cuando nadie te acompaña
esta madrugada,
te despierta mi mirada.

Mi cálido aliento
besando tu espalda,
con mis suaves manos
acariciando tu pecho.
 ¿Por qué te espantas?
¡Solo soy yo!
Cada noche viajo
para arrojarme en tus brazos.

¡He sido yo!
Que a ti me abraso,
como si hoy
se venciera el plazo
de vida en este mundo
y de vivir a ti adosada.

Mis manos recorren tu cuerpo viril,
beso tu nuca y mejillas.
Tu espalda se funde aún más a mí,
mis pezones contraídos me delatan.

Solo sonríes, mi mano izquierda
deslizo por tu ingle hacia tu sexo,
piensas que es fisiológico priapismo
y natural el suceso.
¡Soy yo!
Que, si he de ser demonio
para poder estar contigo,
las alas me arrancaría
y cuernos y cola me montaría
para reunirnos.

Mas no ha sido necesario.
Tú a mi has venido.
Qué más da si juntos
cruzaremos el río.

¡Ven conmigo amor!
¿Cómo lo quieres?
¿Cómo lo explico?
¡Es real, lo que conmigo vives!

XVII. Ven pronto

26 de noviembre de 2022

¿A dónde llega el caudal del amor?
¿A dónde llegas tú, señor?
Si en este mundo distraído.
¿Quién recuerda el corazón?

Mas quien escribe,
¿cómo juzga?
Si atraída está también
por un ay dolor.

Atraída y no dirigida
es mi atención.
¿Cuándo estaré contigo?
¿Cuándo amor?

En desvaríos lloro, río,
suspiros al viento.
Terrible insomnio,
describe tormento.

¿A dónde iré a solas?
Sino me dirige tu luz.
Ven pronto que la oscuridad,
conspira con mi dolor.

Ven pronto amor.

XVIII. El tejedor

30 de noviembre de 2022

El amor acampó
en mi cuerpo y en mi espíritu;
más enloquecida que hoy
nunca he sido.

Tus labios húmedos,
podrían apagar el incendio,
mas creyéndome un necio,
al alba el cuerpo tuyo se marchó.

Oh, el depositario de mi amor,
has de saberlo,
le llaman...
De nuevo apareces tú, mi sol.

Atrevido tulipán,
que jugoso te muestras,
¿Crees acaso mi alma inquieta,
a las tentaciones no está sujeta?

Quiere el clementemente,
resguardar mi mente
y pueda perder la razón;
pues quién no la pierde,

siempre caerá en tentación,
de quien se cree elocuente,
mas sin ser inteligente
a un río en verborrea cayó.

Enorgullecida con palabras adorna
una perorata sin fin,
que a ninguna parte le lleva,
y atrapada está entre el ayer y el mañana,
sin saber que hoy es la unión.

Oh, querido tulipán amado,
que por allí paseas.
¿Por qué haces lujo
y te regodeas?
¡Haz lo que quieras!
Mas no me prives de esta ilusión,
que a bien transforma
el Amado amante en amor.

Con sonrisas y coqueteos,
con suspiros y gemidos
y lo demás que él dio.
¡Oh, querido tulipán!
Tú también has caído
en la trampa del amor,
pues esa trampa
se tejió para los dos.

XIX. El alma no muere

Este torrente de soledad
que me ha dejado su ausencia,
este terrible peso
de saber su cuerpo preso.

Esta egoísta pena
de anhelarle siempre,
aunque sepa mi corazón
su alma es libre.

¿Por qué nadie dice
verdad y solo mienten?
¿Por qué una mujer
traiciona y maldice
utilizando el producto,
salido de su vientre?

Juega en la vida,
para obtener partida
de leyes cambiadas,
en venganza a pasión herida.

¿Por qué todos ciegos
le siguen jugada
y dan gloria
a terrible farsa?
Para colgarse medallas
de victoriosas batallas.
Condenan inocentes
para surgir como héroes,
de su actuar negligente.
Cuando en realidad
en sumidero está
esa gente.

¡Oh, cuánta basura
mi nación cierne,
que el águila escapa
y volar quiere!
A donde haya esperanza,
a donde ¡el alma no muere!

26 de noviembre de 2022.

XX. Errores antiguos

Noviembre de 2022

Cuando veo los versos
que he escrito
y encuentro errores,
pienso, mejor corrijo.

Es asomarse al pasado,
ver desaciertos y lo equívoco.

De los versos él dijo:
—Haz poemas nuevos,
lo hecho,
jamás nadie deshizo.

¡DESPIERTA!
¡ABRE LOS OJOS!
¡ESTOY AQUÍ!
¡DISFRUTA EL VIAJE!